Katharina Wnuk

Ent-täuscht
Texte über eine wunder-volle Welt

Katharina Wnuk

Ent-täuscht

Texte über eine wunder-volle Welt

Rediroma-Verlag

Bibliografische Information der Deutschen Nationalbibliothek:
Die Deutsche Nationalbibliothek verzeichnet diese Publikation in der Deutschen Nationalbibliografie; detaillierte bibliografische Daten sind im Internet über http://portal.dnb.de abrufbar.

ISBN 978-3-96103-667-7

www.rediroma-verlag.de
9,95 Euro (D)

Inhalt

Prolog: Statt eines Vorwortes

Dieses Buch ist für all die Menschen, die entweder mein Leben oder mich besser gemacht haben!
Zum Glück – hab ich Euch!
Ein besonderer Dank gilt meiner Schwester Julia sowie meinen Eltern Paul-Gerhard und Christine Runkel, die immer an mich geglaubt und in mich investiert haben! Ohne Euch wäre ich nie die Frau geworden, die ich bin.
Gott danke ich dafür, dass er in mir die Frau sieht, die ich noch (sein) werde.
Meinen beiden besten Freundinnen und Einen Airais und Evi dafür, dass sie mich lieben, obwohl ich so bin, wie ich bin – und die mir dabei das Gefühl geben, dass ich genau so wichtig und richtig bin!
Und dieses Buch ist auch für all die, die es gekauft haben! Die geneigte Dichterin dankt! Ich hoffe, meine Worte geben Euch das Gefühl, verstanden zu werden – und zeigen gleichzeitig, wie wunder-voll Leben ist. Denn das ist es!

Hückeswagen im Oktober 2019

Ich schaff das!

Erinnerungen zu vergessen kann so schwer nicht sein
und sich entlieben muss doch möglich sein…
Ich schaff das, ich schaff das, ich schaff das schon.
Alles eine Frage der Selbstsuggestion…
Schritt für Schritt zurück
vergesse deine Augen und mein Glück
nehm wieder deinen ganz normalen Namen
Nomen est omen- Amen!

Dreh den Kalender rückwärts bis zu der Zeit, wo wir uns nicht kannten
nichts miteinander verbanden
Dann sind wir uns wieder Fremde - Tag für Tag ein bisschen mehr
-fällt doch gar nicht so schwer….

Und wenn ich dann am Anfang bin
schaue ich weg und einfach nicht hin
Dann lernen wir uns gar nicht erst kennen
und werden einander nie unsere Liebe bekennen.

Ich geh allein an unsere Orte,
verbiete mir unsere Worte
geh allein nach Haus
mal deine Augen mit rotem Edding aus
dann machen sie mir nichts mehr!
Und Emails von dir sind gelöscht, die gibt's auch nicht mehr
Ich verschenk deine Briefe, mach mir ein schönes Lagerfeuer

Die Geschenke an die Wand! - das wird teuer…
Ich häng deine Fotos weg
stell Gefühle ins hinterste Eck
lösche mein Herz und radier deine Buchstaben zu weißem
Papier.
Ich sage dir, dass ich nichts mehr verlier
was weg ist, wird nicht vermisst
So einfach-wenn man nur vergisst….
Und wenn ich dich sehe, dann wechsel ich die Seiten
…und dann kommen neue Zeiten.

Ich schaff das, ich schaff das, ich schaff das noch…
doch…
vielleicht schaffst am Ende auch du mich…
und ich…-ich schaff es einfach nicht…

Das kleine Alphabet

A - Alles anders
B - besonders
C - charakteristisch, charmant, charismatisch
D - durchblickend, dennoch dafür
E - ehrlich und echt
F - feinfühlig, facettenreich, freigiebig- Fliegenlernen
G - gütig, geduldig, großzügig, gefühlvoll- gemeinsam
H - (Herz) hingegeben, Höhenflüge
I - immer intensiv
J - jederzeit jubelnd, junggeblieben
K - konsistent
L - liebe-voll; laut und leise- Lachen
M - melancholisch, mitteilsam, Magie
N – nachsichtig, nah
O - offen, Orientierung
P - perfekt
Q - quicklebendig
R - reich und rücksichtisvoll- ruhelos…
S - sensibel; sanft und doch sicher
T- tiefgehend
U - unglaublich unbeschreiblich!
V - verloren, vergessen, vorbei
W - warum… wohl
XYZ - zu spät

Viel zu wenig Vielzuviel

Ich stehe vor dir, verliere mich in dir
und sage mir...
dass das vorbeigeht
nicht alles mit dir fällt und steht.
Doch das ist eine Lüge,
mit der ich nicht einmal mich selbst betrüge...

Schon hab ich mich an dich gewöhnt
schon bin ich so verliebt
Ich vermiss dich schon, bevor ich gegangen bin
krieg´s einfach nicht hin
mich abzulenken
nicht an dich zu denken.
Ich wünschte, ich würde dich erst morgen treffen
denn dann hätt ich dich nicht schon gestern geliebt
weil es mit dir nur hier und heute für mich gibt
und alle Zeit ohne Dich nur endlose Ewigkeit ist
weil du meine einzige, ewige Liebe bist.

Liebe braucht Zeit.
Doch mindestens genauso lebt sie nur mit Ewigkeit
Du sagtest, dass du langsam bist.
Ich sagte dir, dass alle Zeit der Welt die unsre ist
Denn Liebe braucht Zeit
nur so wird aus ihr eine Ewigkeit

Ich hätte dir alle Zeit der Welt gegeben
doch zu viel war dir schon dieses eine Leben.

NICHT-ig

Ich bin nicht mutig - und wäre ich´s
-ich entführte dich,
um dich nie mehr hergeben zu müssen
und nicht ständig zu vermissen
Leider bin ich auch nicht stark genug, dich zu beschützen
Was würden dir meine Stärken schon nützen?
Nichtmals meine Schwäche für dich
bringt etwas- dir, mir, an sich.
Zu klein
um Dir etwas Großes zu sein
Ich bin nicht zärtlich
und meine Berührungen bleiben holperig
Zu feige, Dich zu küssen
Unfähig, dich nicht zu vermissen
Und mein kleines Herz
ist viel zu klein für Deinen Schmerz
Ich kann dir nichts geben
Zu wenig ist mein kleines Leben
Bin nicht gut darin, gut zu sein
Bin kein großer Entertainer und lieber allein.

Und weil ich all das nicht bin
krieg ich´s nicht hin
Dich so zu lieben, wie du es wert bist: richtig
bin nur eine Tänzerin im Sturm – und in allem nur nicht-ig.

Vollkommen

Es ist nicht…
Dein Überallseinkönnen, sondern dein Daseinwollen
stetes Fragen, was zu sollen
Du wollen kannst,
Wem du etwas, ja dich selber schenken kannst…
Die Tatsache, dass du alles gibst
und dabei so unendlich, unermüdlich, trotzdem dennoch
weiter liebst.
Nicht deine Leistung, dein Können
Doch Dein Von-dir-wegzuschaun, alles den anderen zu
gönnen
Nicht dein Humor, doch dein Lachen, das ansteckt, mit-
reißt
Menschen zusammenschweißt, Löcher in Starrheit reißt
Es ist nicht deine Zeit,
doch dein Zeitvergessen, allzeit bereit
Nicht nur der Sinn, den du entdeckst
denn auch der Unsinn, den du in die Dinge steckst
Leichtigkeit des Seins
Entlarvung allen bloßen Scheins.
Es ist nicht deine Berührbarkeit
sondern deine Tränen, die du ganz allein für andere ge-
weint
Nicht deine Fähigkeit
sondern gespürte Unfähigkeit…
Genau darin zeigt sich deine Vollkommenheit…
Denn:

Für dein großes kleines Herz
Allen gefühlten Schmerz

anderer wegen
Deine Art, dich Menschen und auch Gott ganz hinzugeben
Für deine Augen, mir alles zu schenken
Dein liebevolles an-mich-Denken
Dein Wesen: immer leise, niemals laut
Sterne, für andere vom Himmel geklaut
Phantasie, geliehn, vervielfacht, inspiriert
Dein Lächeln, das mein Herz tief in mir spürt
Dein Wesen, das mich rührt
Dafür, dass deine Worte mich streicheln, betten, küssen
dass deine Arme mich vermissen
für all dein Vertrauen,
auf mich zu bauen, mir etwas zuzutrauen
Für all den Mut, den du mir schenkst
indem du für mich mitdenkst
Dafür, dass du dir soviel Mühe gibst
damit, wie du mich liebst
Für all deine Zaghaftigkeit, Zärtlichkeit
Deine Wut über Ungerechtigkeit
Für all das, was du nicht bist,
weil das das ist, was DU ist…
schenk ich dir vollkommen mich
-So unvollkommen lieb ich dich.

Nahegehend

Wenn alles in mir
nur nach dir
ruft, verlangt, sich sehnt und verzehrt
Jedes Wort über Liebe mich nur beschwert
Der Regenbogen nur schwarz-weiß noch schimmert
Alles mich an dich erinnert
-immer, nicht nur dann und wann-
Ich nicht mehr schlafen kann
aber wach bin ich auch nicht
ständig denkend an den Verzicht
von Gedicht zu Gedicht
Wenn jeder Stein von dir nur erzählt
mich unsagbare Sehnsucht quält
Ich Dein Foto küsse
weil ich dich so vermisse
Wenn ich mich schon beim Aufstehn aufs Zubettgehn freue
weil ich dann vielleicht von dir träume
Wenn ich Sekunden zähle
mich von Minute zu Minute quäle
immer wünschte, du wärst hier
So stehe nur ich selber…total neben mir
Wenn Sommer Winter wird und heiß ganz kalt
ich mich plötzlich nur eins noch fühle: ganz uralt
Gleichzeitig seh ich auch so aus
gehe nicht mehr raus
Wenn jeder Anruf mich zusammenschrecken lässt
steht nur, ich nicht, noch fest:
dass, obgleich ganz fern du bist
du und meine Liebe zu dir total nahegehend ist.

AUGENBLICKLICH

Lange ist´s her…
Du fehlst mir sehr!
Und deshalb geb ich dir heut den Augenblick zurück, in dem ich dich zu lieben begann
Von Anfang an…
Sind uns mal nah gewesen, haben nichtmals in den Augen des anderen lesen müssen
Blindes Vertrauen – den anderen auch ohne Worte wissen und schon, bevor er geht, vermissen.
Habe viele Worte für dich gemacht
Und immerzu an dich gedacht
Augenblicklich
Warst du für mich ewiglich!

Heilig war unsere Beziehung mir
Was ganz Besonderes die Zeit mit dir!
Hab dir mein Herz geschenkt
mir den Hals ausgerenkt,
nur um bei dir zu sein
Nur du und ich, wir zwei allein.
Gefühle für dich: so viele Schmetterlinge im Bauch
Ich weiß, dass sie real waren –und du weißt es auch!
Haben uns ohne Worte „Ich liebe dich" gesagt
Haben uns in Worten so viel gefragt
Und einander vertraut
Zumindest ich habe daran geglaubt!

Uns ineinander aufgehoben gewusst
war mir die ganze Zeit bewusst,
wie vergänglich „augenblicklich" ist

und wie zerbrechlich du bist.
Umtanzten einander stets in Behutsamkeit
Der Augenblick ergab die Ewigkeit…
Wollten uns nicht zu nahe treten –
Hätte alles getan, worum du mich gebeten
Und hätten in Wirklichkeit am liebsten nie wieder von einander gelassen
konnte ich mein Glück kaum fassen.
Und denk ich heut zurück- so bist du wieder da…so nah
Nur weiß ich: dieser Augenblick war einfach zu surreal!

Für mich war es Magie!
Doch zauberhafte Liebe gab und gibt es für dich nie
Sag mir nur, was waren wir für dich?
Und was empfandest du, als du mir sagtest, du liebtest mich?
War der Moment, der mir so hoch, so tief und auch so weit gewesen ist
in Wirklichkeit nur Illusion, blanker Hohn- so wie du mir nicht geblieben bist!?
Ich hätte trotzdem alles gegeben, diesen Moment und dich festzuhalten
Und hätte alles darum gegeben, dich zu behalten.
Am Ende hast du gewonnen und ich verloren.
Nur leider verlor ich nicht ein Spiel, sondern mein Herz
Und nur der Schmerz
Lässt mich noch glauben, dass es uns mal gab
Und dass ich mir Dich nicht nur eingebildet hab!
Und wenn das keine Liebe war,
dann einfach nur, weil viel zu surreal

Überall und nirgends

Durch die Welt gehn
Versuche, zu verstehn
Kann dich überall und nirgends sehn…

Mir fehlt deine Nähe
-Wohin ich gehe, was ich sehe
Denke ich an dich…
Vermisst du mich?

Ich tu´s und leb mit den Bildern,
die wie Unkraut in meinem Herzen verwildern
und durch die Weite nahe werden
durch dein Fortgehn Kläger werden.

Lieben heißt freilassen, sagt man sich
Vielen andern glaubte ich´s
…nur verlor ich dadurch dich.

End-zeit (Abschied)

Mich in Vergessen ertränken
Dich nicht weiter denken…
Deine Worte aus meinem Gedächtnis streichen und verbannen
damit sie mich nicht länger bannen!

Ich lauf davon und schlag die Tür hinter mir zu
Deck mich mit dem Mantel des Vergessens zu.

Vergess, dich zu vermissen
und vermiss nicht, was vergessen!

Ich kann nicht bei dir bleiben
kann nicht verweilen
Denn in allem Mitteilen
schaffst du es, mein Herz in tausend Stücke zu zerteilen
…die ich wieder mühsam zusammen bauen muss
Besser zu spät als niemals Schluss!

Im Gehen werde ich nach vorne sehen
ohne mich umzudrehen.

Ich leg meine Erinnerungen zum Schluss vor dich hin
Denn ohne dich ergeben sie doch niemals Sinn.
Lass ein Stück von mir zurück
Viele Tränen und auch Scherben – doch die bringen mir in dem Fall Glück.

Versteh: ich kann nicht bei dir sein
Bin nicht dein

Wie du nicht mein!
Bis dass die Liebe uns schied, warst du mein.

(Ein) anderes Ich

Verschiedenheit
ergab die Unverstandenheit
Dachte daran, dein Leben zu leben
-würdest du mir erst die Erlaubnis dazu geben.

Aber (heute weiß ich) niemand kann ein andrer sein
Und lässt er sich drauf ein
verliert er nicht nur einen Menschen, sondern zwei.

So steh ich vor dir und seh dir ins Gesicht
Früher sah ich darin mich
Doch diesmal weine ich
Tränen der Gewissheit um Verschiedenheit
weil wir selbst der Anlass dafür sind
Und keine Liebe mehr macht uns dem andern blind.
All deine Geborgenheit
erschwert mir den Schritt in die Freiheit.

Bedeutungslos belanglos
Dachten wir, die Liebe wär zu groß
als dass sie uns zu Fall bringen könnte
als dass sie uns die Ewigkeit missgönnte.

Was bleibt ist nur der Blick nach vorne…
Denn nach hinten sieht man nicht sehr gerne
wenn sich die Wege nicht gemeinsam gehen lassen
Wenn man den andern und ein andres Ich verlassen.

ANGST vor der Angst

Du sagst zu mir, niemand kennt dich wie ich.
Du sagst, ich durchschaue dich...(und du mich).
-und du liebst es und fürchtest es doch!
Denn du glaubst immer noch
ich sei wie ein Schwert
gefährlich und hinterhältig, des Liebens nicht wert
als klaute ich deine Angst und verwende sie gegen dich
wie man es tut, liebt man nicht...

Du hast...
Angst, dass man dich erkennt
Angst davor, dass man deine Schwächen benennt
Angst, die Kontrolle zu verlieren
Angst, Türen zu öffnen, nicht wieder zu schließen
Angst, zu viel zu geben
Angst, es in fremde Hände zu legen: dein Leben!
Angst, heute da und morgen fern zu sein
Angst, zu erfahren, am Ende ist jeder allein.
Angst, dass es anders werden kann
Und dann?

Und was, wenn ich das alles verstehe?
Dasselbe doch fürchte und sehe...
Und dazu noch: Angst, dich zu enttäuschen und verletzen
Angst, zu viel Hoffnung in mich zu setzen
Angst, dass es falsch ist, obwohl es so richtig ist
Angst davor, was du mir bist!?

Es scheint, wir fürchten dasselbe, nicht uns, sondern unsere Angst.
Unsere Schwäche, dass jemand die Stärken erkennt
und benennt

Oder unsere Stärke, dass jemand uns schwach kennt...!?

Habe Angst-ich doch auch!
Aber:

Sollte nicht viel mehr es wichtiger sein, die Angst zu besiegen...damit wir gewinnen!?
Zu wissen: lass unsere Ängste ruhig spinnen!
Die Angst besiegt, wer zugibt, ängstlich zu sein...
Wer anderen seine Angstschenkt, ist damit nicht mehr allein!
Und zusammen lassen sich Ängste belächeln.
Ich bin da- und bleibe...ich werd es versprechen!
Hab keine Angst, ich bitte dich:
ich verletze dich nicht!
Mein Schwert kämpft für dich, nicht gegen dich.
Ich versprech es, verspreche...mich.

Schlechte Angewohnheiten

Der Wecker schellt, der Nebel gellt…
und ich liege schon seit gestern Abend hier wach ohne dich
Schlafen ohne Träume kann schwer sein an sich.
Vor einer Woche gingst du, zurück ließest du mich.
Mich und mein Leben voller Erinnerungen…

Ich bin nicht nur dir, vor allem mir selber nun eine Fremde
verbrenn mich am Kühlschrank, starr Löcher in Wände
Die Stille ist schrill
das Radio still…
Und ich…ich sitze nur hier…
weit weg von mir- und dir.

Alleine den ersten Kaffee am Morgen und auch das Glas Wein am Ende
Und wieder nur leere, erdrückende, weiße Wände
Die Bilder sind abgehangen
-Ich hoffte, mit ihnen wären auch die Erinnerungen gegangen.

Alleinsein mit mir
ohne Worte von dir.
Alleine kochen, schlafen, auf der Couch liegen, in der Küche stehn
Alleine auf Partys und zu meiner Arbeit gehn
Vielmehr aber allein mit meiner Freude und meinem Glück
Und deshalb fehlt auch mir selber von allem ein Stück.

Ich starre die Bilder an,

und denke dann:
Alles Gewohnheit-ich schaffe das schon…
alles eine Frage der Selbstsuggestion.

Am nächsten Morgen dasselbe Spiel,
deklariertes Ziel:
- Schnell aufstehn-
Denn je schneller ich aufstehe,
desto schneller habe ich einen Morgen ohne dich geschafft.

Und heute verlasse mal ich als Erste das Haus
dann vermisse ich nicht den Schlüssel von dir im Schloss
Und wenn ich nach Hause komm, schalte ich schnell das Radio ein
die Stimmen lassen mich nicht allein sein.
Ich koche für zwei und esse nichts
dann fällt nichtmals auf, dass du nicht mehr bei mir bist
Und im Fernsehen schalte ich Fußball ein
denn dann kann ich auf dich wütend sein
Meine Socken lasse ich neuerdings einfach liegen
dann vergesse ich nicht dein schlechtes Benehmen.

Unsere Lieder in Endlosschleife, sie andauernd spielen lassen
von mal zu mal fang ich mehr an, sie ehrlich zu hassen
Und dann zerkrümel ich Chips und werfe sie auf das Sofa
und nichts erinnert, als wärst du nicht da!

Und je schneller ich einschlafe, desto mehr Einschlafen ohne dich…

Und desto eher wache ich auf ohne dich, schlafe ein ohne dich, wache auf ohne dich…
Und bald dann habe ich mich daran gewöhnt…

Ein Tag ohne dich weniger…
Ein Tag - ohne Dich weniger…

ALLEIN

Zu leise für ruhige, stille Zufriedenheit
Und zu laut für angenehme Gesprächigkeit
Rastlos Gehetzte ohne Zeit
Und unruhig Ruhige in meiner Einsamkeit
Auch in Gesellschaft allein
Und auch nur mit mir selber nicht besser dran sein.
Such ich nach mir…
Oder nach dir?
Dabei weiß ich noch nichtmals, ob´s dich wirklich gibt
Ob du es Wert, dass man dich liebt
Unglaublich weit weg, auch mir selber nicht nah
Fernsein, Fremdsein – und scheine ich auch da.
Einsam, müde, leer
Schwerfällig, schleppend, schwer
Gefangen, umher getrieben
Und zugleich unbeachtet geblieben
Niemand da, um mich zu lieben
 - nie…
Melancholie!
Doch…kann man allein sein, wenn man nie gemeinsam war?
Woher weiß man schon, was nicht ist, war´s nicht vorher da!?

<u>Außer sich</u>

Fortgegangen – bin ich wieder allein
Vernünftig sein!
-ist…was ich versuche
während ich fluche
dass ich immer noch suche
Nicht ans Ziel gelange
immer wieder neu anfange.
Hoffnungslos
bloß
vergeblich
vergess ich dich
und vermisse ich
Und während ich dich vermiss
sagt mir eben dies gewiss
dass ich´s nicht kann:
vergessen,
wenn dessen
Gegenstand DU bist
und das alles ist.
Stehe hier
hinter und eigentlich nur total neben mir
Und deshalb: Resignation!
Dich nicht zu lieben, wär Illusion
also lieb ich weiter- leider oder zum Glück?
Dich und mich zurück…
Und: weil ja doch nichts bliebe…
-außer: Liebe!

(Ver) Flucht

Mich zerstreun – und heute und morgen für Gestern bereun
Dass ich dich zu lieben anfing
Und wie dann alles weiterging…
-Zumindest für mich-
Ich liebte dich!
VERFLUCHT!
Und jetzt versucht,
dich zu streichen, alles zu vergessen
War zu besessen – versuch, selbst zu vergessen,
dass wir vor der Vergangenheit davonrennen.
Dass ich´s nicht kann, will ich dir nicht bekennen!

Und nun steh ich dir plötzlich gegenüber
schaue aus Versehen zu dir rüber
Du nickst mir zu, lächelst mich an
Ich erwider, weil ich nicht anders kann
Und fühle: zu viel, zu hoch, wovon ich fiel
Und deshalb wird's noch lange schmerzen…
Vielleicht heilen sie nie, die Wunden in meinem Herzen
Und vielleicht trag ich immer schwer an dir
In mir
Verflucht- die Flucht
Wenn das, wovor man davon rennt
sich so sehr Teil von einem selber nennt.

Zweifelsohne

Mit Feuerwerk begonnen, explosive Leidenschaft, tiefe
Harmonie
Nie fade, pures Leben, Liebe ausdrücken - so voller Phantasie
Tausend Sprachen, nur zu wenig an Worten
Überdimensional verschwenderisch, nichts zu horten.
Gefühlte Gewissheit, Erkenntnis, Diagnose:
Verliebt…und die Prognose
Dass es ewig ist…
So tief, wie du in mir bist!

Ewig lange Nächte, vertaumelte Tage
Keine Frage:
war uns klar,
dass da was Besondres war…
bleiben muss…
immer jung, glücklich, erhaben schwebend, niemals
Schluss.
Immer bei dem anderen, unheimlich
heimlich
zweifelsohne glücklich.

Zeit heilt alle Wunden, manche gebiert sie erst.
Die eitern, schlagen, schmerzen
Bittere Herzen
Nagen, harren, erkalten
Die ersten Sorgenfalten
Fing es an, zur Selbstverständlichkeit zu werden
Wir uns aneinander zu gewöhnen
Alltäglich

macht gewöhnlich.
Und Machtverlust schwach
Unvorhersehbar erschien es rückblickend-anfänglich
Doch im Nachhinein so selbstverständlich
Weil Liebe nun mal vergänglich ist
Weil kein Mensch wirklich ewig ist…
ich dachte, wir wären es…ich hoffte, harrte, bangte
stolperte, humpelte, wankte
Und du bist dann gegangen
Mitgehangen, befangen mitgefangen
Zu Ende statt ganz am Anfang
Zweifelsohne eine tragische Geschichte!
Denn über so was schreibt man dann…verzweifelte Gedichte.

Zusammen auseinander

Auseinander!
Ohneeinander!
Lernen, wieder allein
zu sein…
Muss mich noch dran gewöhnen, und das kann dauern
Es reichte nicht für immer, keine Liebe zum Überdauern,
stattdessen nur: Gegebenheiten zu bedauern.

Fort,
nicht mehr am selben Ort!
Fortgeschickt- fortgegangen, beides irgendwie!
Wirklich zusammen waren wir für dich ja sowieso gar nie.

Zusammenauseinander, war ich noch da
Mal fern, mal nah, mal fern, mal nah
Hab ich dich stets und ständig verletzt
und immer wieder versetzt
Getröstet, hingehalten
aufgehalten
weil einfach hingerissen von dir
und hin- und her in mir…

Mal so, mal so, mal nichts…
Entschuldige, was ich dir genommen hab
und auch all das, was ich dir niemals gab…

Und ich weiß, dass dein Entschluss
zum Schluss
der richtige ist
Und spüre doch nur, dass du mir alles bist,
was mir ein andrer niemals jemals war

Wünschte immer noch so sehr, du wärst noch da.

Und weiß: es geht doch nicht!
Der Verzicht
wird bleiben
unsere Geschichte zu Ende schreiben…
oder eben dann auch nicht
hier endet ihre Sicht…das Ende der Geschicht!

Einfach weg, nicht mehr da
ist leichter…als zusammen und sich trotzdem niemals nah!
Und deshalb ist es gut, nun eigne Wege zu gehen
Sich nicht mehr ständig zu sehen
Wieder jeder für sich…
Nicht?

Und weil ich wie immer
keinen Schimmer
hab
ob dieser Abschied gar für immer war,
frag ich mich…bist du noch da?
Was machst du wohl, wie geht es dir?
Fehle ich dir-wie du mir?

Und so sitz ich hier und red mir ein:
Dass es besser ist, allein zu sein…
Und manchmal glaube ich´s…
Und manchmal…nicht…

Zum Schluss?

Verrückt nach dir
Stehe ich vor dir und in mir
Bin ich nur gebannt, verrückt, besessen
und versessen
darauf, dass du mein Leben wirst
meine Faszination spürst
mit empfindest,
Sehnsucht linderst:
Wissend, du liebst mich
so wie ich dich:
total, intensiv, nah, weit, fern, unangezweifelt
tiefer, näher, mehr…verzweifelt
Mit dir im Schnee tanzen, dem Meer zuhören
Dir alles und für immer schwören
Regentropfen sammeln, Regenbögen tanzen, Wolken pusten, den Wind küssen
Dich stets und sogar, wenn du da bist, auch vermissen
Weil ich dir alles sein will- wie du mir alles bist
das mit uns das größte Geheimnis des Lebens und alles ist für mich
Mich, die ich liebe: DICH!
Die Farbe deiner Stimme, den Duft deiner Haut, die Sonne in deinen Augen
Tränen wegküssend, Blicke, die den Atem rauben, Worte, die verzaubern

All das bist du mir
Das sage ich dir
weil ich nicht anders kann: ständig und immer

Und fühle mich damit allein, einseitig
oder bloß unzeitig?
Zu früh, zu spät in deinem Leben
Ungebeten?
Zu früh für deine Hingabe, zu spät für nichts…

Was nützt es mir, wenn ich dein Herz zwar schlagen hören kann,
aber doch nicht weiß, für wen es schlägt
was dich im tiefsten Inneren bewegt
mit wem in Gedanken du dich abends ins Bett legst.
Bin bei dir und fühle: ich bin´s doch nicht
Sehe dir nur bis vors Gesicht und nicht weiter
Leider!
Und so fühle ich mich verletzt, aufgehalten, ungebeten
Und während meine Liebe um dich fleht, wirbt, weint und schreit
ist es nur eine Frage der Zeit
ob mein Zweifel oder dein Vertrauen am Ende stärker ist
Du mutig genug bist
dich mir hinzugeben, die Kontrolle abzugeben
oder ob ich dich vorzeitig einseitig hergeben muss…
leer, traurig, umsonst, vergeblich…Schluss…

Ganz nah

Wie nah darf ich dir sein, ohne dir zu viel zu werden?
Darf ich nur für dich leben oder auch für dich sterben?
Wann bin ich dir zu viel, wann enge ich dich ein
mit meinem Wunsch, ganz und noch viel näher bei dir zu sein?
Nah, ganz nah
bin ich da
Spür dein Herz schlagen
während ich überlege, es zu wagen
dir nicht nur zu sagen
dass ich dich vermisse
sondern es dir zu zeigen, indem ich dich jetzt küsse
… und tu´s doch nicht
und schreib stattdessen nur…mal wieder ein Gedicht!

Eines Tages

Und dann kommt der Tag…
an dem alles kaputt geht und heil wird
weil alles Falsche ein stückweit stirbt.
Ein Stück von dir sicher mit
aber auch Raupen verwandeln sich Schritt für Schritt
zu Schmetterlingen, die fliegen
sich frei und eigenständig im Winde wiegen.

Es kommt der Tag, an dem deine Tränen dir Wahrheit zeigen
dein Herz anfängt, zu verneinen
du Nein sagen lernst
nicht bloß andauernd nur schwärmst.
Erkennst, wer du wirklich bist
und dass das Leben mehr als eine Castingshow ist
in der du die Massen zum Lieben zwingst
aber dich um dich selber bringst.

Der Tag, an dem du die Lügen erkennst
nur wahre Freunde als Freunde benennst
und den Rest nicht verlierst, weil er dir nie gehört hat.
Andere sagen: schachmatt!
Aber du sagst gerade erst: Mögen die Spiele beginnen!
Fängst an, deinen eigenen Song zu singen…
weil du Worte als Lügen entlarvst
jemand anderes bist, als du vermeintlich warst…

Und dann kommt der Tag, du öffnest die Augen
-und kannst es am Ende doch glauben:
dass Wahrheit weh tut und frei macht und beides zugleich.

Dann irgendwann

Dein erstes Wort vergessen
So tun, als ob ich nie eine Erinnerung an dich besessen
Kein Wort, kein Gefühl, keine Gegenwart
Dreh die Zeit zurück bis noch vor unserm Start
Jede Umarmung von dir ausradieren
Alles Gewesene nehmen und einfrieren
Es wegsperren, da ruht es gut!
Nichts mehr, was weh tut!
Es gab uns nie und wird uns nicht mehr geben!
Du deins, ich meins- getrennte Leben!
Und wenn ich dann…irgendwann...vor dir steh
Ist meine Hoffnung, dass ich nicht(s) mehr in dir seh
als „unbekannt und fremd"
in dem kurzen Moment.
Und der wird mir nichts mehr bedeuten dann
Und mehr fange ich mit dir erst gar nicht an.
Keine Fragen stellen, dir nicht in die Augen sehn
Nicht das Gefühl empfinden, ich würd nichts lieber als dich verstehn
Sondern nur ein kleiner Moment
Nichts länger und mehr, wir bleiben uns fremd!
Weil ich dann vergessen hab, was ich jetzt noch weiß
Dass du mein Alles heißt
Dass du mein Leben bist
Das Allerschönste, das ist!
Und deshalb frier ich dich jetzt ein
Um endlich wieder frei zu sein
Eingefrorene Vergangenheit
Eröffnet eine bessre künftige Zeit!
Und dich nicht zu vermissen

geht nur einher mit: nichts von dir zu wissen.
An nichts erinnere ich mich dann…
Irgendwann!

Dafür

Für dein großes kleines Herz
Allen gefühlten Schmerz
anderer wegen.
Deine Art, dich mir ganz hinzugeben
Für deine Augen, mir alles zu schenken
Dein ständiges an-mich-nur-Denken
Den Duft von deinem Haar, die Zartheit deiner Haut
Dein Wesen: immer leise, niemals laut
Dafür, dass deine Worte mich streicheln, betten, küssen
dass deine Arme mich vermissen
Für all dein Vertrauen,
auf mich zu bauen
dein Leben in meine Hände zu legen
und deswegen
mir alles sein zu wollen, immer für mich da
und sogar fernab immer nah
Für all den Mut, den du mir schenkst
indem du ständig für mich mitdenkst
Für all das, was du mir nicht sagen kannst
wenn du mich mit deinen Blicken bannst
flehst
verstehst (ich sehe)
Dafür, dass du dir soviel Mühe gibst
damit, wie du mich liebst
Für all deine Zaghaftigkeit, Zärtlichkeit
deine Wut über Ungerechtigkeit
schenk ich dir vollkommen mich
So unvollkommen lieb ich dich.

Zum Glück

Ich frage dich, was bedeutet dir Glück.
Du hältst kurz an, schaust nach oben und blickst dann zurück:
Kleine Momente deines Lebens, die dich besuchen
das Glück in den Alltäglichkeiten suchen
(denn ist´s nicht da, ist es nirgends...)

Und während du mir davon erzählst, wünschte ich mir so sehr,
ein Teil davon zu sein...oder noch mehr
in deinem Leben
dein Glück erleben.
Ich wünschte, ich sähe, was du siehst, ich röche die Farben
fühlte, was du und trüge dieselben Narben.
Denn dann verstünde ich
und wüsste ich dich.

Nun müssen deine Worte mir reichen
meine Erfahrungen sich in dein Leben schleichen
Trifft mein Glück deins...
Besser doppeltes Glück als keins!?

Und während du dein Glück in mein Leben zauberst...
schließ ich die Augen und hoffe, es hört nie auf...nie auf...nie auf...
Ich geb dir meinen Handschlag und mein Herz noch obendrauf!

Ich kleide dich in Wünsche, begieß dich mit Sorge und Liebe

und hoffe, deine Glücksmomente blieben
in der Erinnerung für immer verfügbar:
-nur eine Frage entfernt: was bedeutet dir Glück?

Du fragst mich, was Glück für mich ist.
Und ich denke nur, dass deine Frage genau das ist!
Und wieso fragst du mich?
Schließlich hab ich-zum Glück!- doch Dich...

Zu spät

Bin zu spät in dein Leben gekommen
Ein bisschen früher…hätte ich vielleicht eine Chance bekommen,
mein Leben mit dir zu leben
dir alles und noch mehr (dazu) zu geben.
Doch so bleibt´s immer nur bei Höflichkeiten
Harmlosigkeiten
Zu leise, um „sich was zu sagen zu haben“
Zu kurz für „etwas mehr zu haben“
-als nur Sympathie
Zu spät- und deshalb wird's nichts mit uns…nie!

Ach- nichts...

Keine Worte, Wortloses zu sagen
verzichte ich auf alle meine Fragen
(die ich an uns habe)
Nur Deine Gegenwart zählt, bist Du da
und alles andere…so egal!
Jetzt stehst du vor mir
und ich erzähle dir
von irgendwelchen Dingen
die genauso unbeholfen klingen
wie ich bin.
Nonsens, Banalitäten, frei von Sinn.
-Denn: all meiner Sinne beraubt
während du vielleicht glaubst
dass ich die Kontrolle habe
Ich hab sie nicht- hörst du mein Herz nicht schlagen?!?
So laut wie Presslufthammer, Bagger, Stadtverkehr
Und siehst du weg – nicht her
würdest du sehen, dass sogar alles um mich her nur von dir erzählt
-und wieder her vielleicht, wie sehr mich meine Sehnsucht quält
Dir nah zu sein
zu zweit allein…
Und wäre ich´s, würd ich ja doch nichts wagen
weiterhin nur Unsinniges sagen
weil ich mich ja doch nichts traue
wenn ich Dir in die Augen schaue…

ANKUNFT

Angenommen,
ich wäre angekommen
bei dir: Zufluchtsort, Schutz, Anker geworfen im Hafen bei dir!
Bliebst du mir
auch in den Stürmen, die da kommen?
Bleibst du mir in allem Genommenen?
Was, wenn ich alt werde, dick, runzlig und grau?
Wenn meine Augen verlören alles strahlende Blau?
Wenn ich meine Worte verliere?
Mich selber nicht mehr spüre?
Wärst auch dann mein Zufluchtsort und Hafen du,
wenn ich nicht mehr so in mir selber ruh?
Oder wärst du gerade meine Ruh,
weil mir bei dir nichts fehlt als einfach ja nur du!?

Angenommen,
ich wäre angekommen
von dir angenommen…
bleibt meine Liebe ein Ankommen…
Weil´s mich immer wieder zu dir zieht
und weil mein Herz in deine Augen, Hände, Arme flieht.
Ankommen angenommen,
angenommenes Ankommen…

Aufgehoben

Aus Wunden werden Wunder…-aber wann?
Du weißt…es geschieht ab und an…
dann!
Dann gibt es diese Momente, in denen alles und nichts mehr zählt als nur
was ist
Getragen und aufgehoben-alleine, weil du bist
Nichts besser ist oder sein könnte
als es ist

Das verworrene Kunstwerk von einst
Alle Puzzlestücke ergeben dann eins…
Und Fragen und Sorgen werden still und leise
Leben wird zur Reise
auf der du deine Weggefährten und deine Strecke mit Leichtigkeit beäugst, beinahe amüsiert
Nichtmals das Nichtverstandene irritiert
ergibt alles Sinn
im großen: "Ich bin!"

Völlig aufgehoben
Aufgehoben von dir
erhaben in mir
Aufgehoben-zu sehen
Aufgehoben, weiter zu gehen
Aufgehoben-getragen-gefunden-
alles andere vergeben und verwunden
Denn Leben, das ist das Besondere, Eigentümliche, Verwunderliche:
bedeutet Wunden werden Wunder…

ICH BIN

Manchmal, da wär ich so gern anders- als ich bin.
Doch irgendwie krieg ich´s nicht hin.
Ich fühle mich getrieben, fremdbestimmt und heimatlos
Verharre in Vergangenem, lass ungern Dinge los
Schleppe Lasten, Bitterkeit und Schwermut mit mir herum
Oder ich bin schwammig, rede drumherum.
Biege mir die Wahrheit zurecht
Und mache es trotzdem nicht allen recht.
Denn das Leben fordert immer alles und zu jederzeit
Für wesentliche Dinge fehlt die Zeit.
Und manchmal, da fühle ich mich so gottlos allein, in Kerkern gefangen
Umgeben von Bibbern und Bangen
Reduziert auf meine Geschichte, mein Fehlen und mein Nichtsein
Und manchmal auch…so gnadenlos allein.
Und manchmal, da macht das Leben mich bitter, zynisch und hart
Ich petze, vergleiche, begehe Verrat
An dem, was mir doch eigentlich kostbar und heilig ist…
Manchmal, da wär ich so gern anders als ich bin.
Doch irgendwie krieg ich´s nicht hin.

Bis ich zum Buch der Bücher greife
Und begreife…
Ich lese von den Frauen der Bibel- und ich lerne von ihnen…

Hagar: Ausgestoßen, Heimatlose, Fremde, immer auf der Flucht

Gesucht- und nie gefunden, von ihren Leuten selbst verflucht
Durch Wüstenzeiten gegangen, in der Vergangenheit gefangen
-bis sie ganz plötzlich die Erkenntnis ihres Lebens hat
Und diesen einen Satz sagt:
„Du bist ein Gott, der mich sieht“
-und dieses Ansehen bedeutet: geliebt.
Befreit von Bildern anderer und Vorurteilen
Kann Gott sie aus Gefängnissen befreien, führt sie in neues Land
Und nimmt sie zärtlich bei der Hand.

Sara, eine Zweiflerin von Mutter Natur,
sehr zynisch, bissig und ein bisschen stur
deren Zweifel Gott so ernstnimmt, dass es ihr die Worte raubt
und die am Ende mehr mit Taten als mit Worten glaubt
weil sie Gott schaut
dem wahren Wunder ihres Lebens begegnet
und Gott ihr Leben auf so wunder-volle Weise segnet.

Martha, ständig auf Achse, ewig Getriebene und doch nie ganz zufrieden
Mit ihrem Jesusdienen
-bis Jesus kommt und sie von ihrem Tatendrang erlöst,
dem Wunsch, perfekt zu sein
Als sie begreift, es reicht allein, zu sein
Bei ihm, dem Herrn und Herrscher dieser Welt
Allein die Zeit mit ihm ist, was am Ende zählt.

Eine Ehebrecherin, gescheitert, gestrandet

Hoffnungslos verbandelt und doch heimatlos und allein
Es lässt sich niemand mit ihr ein, kein Ausweg scheint zu sein
-bis Jesus kommt, ihr einen neuen Namen gibt
Die Identität nicht in den Fehlern sieht, sondern sie freiliebt
Freispricht: Es werde Licht!

Und weil Gott die Hagars, Saras, Marthas, die Gescheiterten dieser Welt liebt
Und sein Gesicht in ihnen liest
Und sein Buch der Bücher für Menschen wie sie schrieb
Weiß ich
Ich bin geliebt
Und am Ende geht es nicht darum, was ich hinkriege oder nicht
Am Ende reicht ein Wort: „ER spricht".

Hagar, Sara, Martha- sie sind alle ich und ich bin alle sie
Ich möchte eine Hagar sein, die in ihrer Not zu Gott schrie
Eine Sara, deren Zweifel Gott nicht hemmen
uns gnadenlos gnädig zu beschenken…
Eine Maria, die merkte, was in all dem, was wir tun, nur wirklich blieb
Eine Ehebrecherin, die weiß, dass Gott uns nie verurteilt, sondern heile liebt
Und dass er das Buch der Bücher gerade für die schrieb,
die heimatlos, getrieben, unperfekt und unansehnlich sind
Denn ich bin nicht perfekt, doch ich bin Gottes Kind
und das bedeutet, er liest sein Gesicht in mir
und selbiges tut er mit dir.

Er beatmet und umsorgt mich, wäscht mir Füße und manchmal auch den Kopf
und alles muss verstummen, wenn er spricht
Er spricht seine große Vergebung in mein Leben, liebt seine Liebe in mein Herz
Er formt mich, weiß um meine Tränen und um meinen Schmerz
Doch alles, was ich wissen muss, ist das große „Ich bin, der ich bin"
In meinem kleinen: „Trotz allem, was ich manchmal bin".
Und ich lerne…die Schönheit von Verletzlichkeit
Lichtdurchflutete Brüchigkeit, durch die das Licht viel besser scheint

Weil all das mehr Platz für Jesus macht
Weil Gnade in mein Leben lacht
Ganz so, als wäre ich längst da, wo ich noch längst nicht bin
Bei seinem großen „Ich bin, der ich bin"
Aber bis dahin darin aufgehoben, angesehen, nach Hause geliebt und befreit
Denn meine Zeit gehört der Ewigkeit
Meinem großen „Ich bin"
Bei dem ich sicher und ICH BIN.

Woran sich erinnern?

Woran sich erinnern?
An all das Schöne, die Momente, gemeinsame Zeit
liebevolle Worte, Schönheit und Zärtlichkeit
Sternschnuppen, Sonnenaufgänge, Lachen
verrückte Dinge-zu machen!

Woran sich erinnern?
An to do Listen, die niemals kürzer werden…
und andere Dinge auf Erden
Momente, wo man wirklich beieinander war…
nicht bloß einfach nur…da!

Woran sich erinnern?
An all das, was einen zueinander trägt
Dinge, die man nicht abwägt,
nicht abwägen muss, weil man weiß, was zählt
und was ohne den anderen alles fehlt!

Woran sich erinnern?
und dann doch vielleicht auch an das:
Zweifel, Angst, Unsicherheit, manchmal auch Hass
die Tränen, die Einsamkeit
die ferne Zeit…
wenn all das einem den anderen noch größer werden lässt.
weil man seine Liebe einfach nicht fasst…

SUBSTANZ

Größer. Höher. Weiter... mehr noch
-andere sehen es doch!
Ansehnlich anschaubar
was sichtbar ist, das ist auch wahr!

Fassaden blenden
Energien verschwenden
Leben soll ein Kunstwerk sein
-am hellsten strahlt der Schein!

Alles, alles, denn der Schein
erzählt eine Wahrheit...Wahrsein...
das trügt
aber funktioniert!
Was dahinter liegt, bleibt unberührt...

BETRUG
GENUG!

Fassaden stehen weiter,
zeigen blinzelnd Schönheit, die blendet
Immerhin viel Zeit (alles?) verschwendet
-und kein Stück gescheiter...
Fassaden stehen weiter
auch wenn nichts dahinter ist
worin sich ein Leben misst.

Fassaden...aus Glassscherben
Geschichten von Sein und Werden
und manchmal auch...von Sterben

Zerbruch...
Umbruch…
Aufbruch?

Auf der Suche nun...
...nach Substanz- ohne Dazutun
Einfach so...
Bloß!

Besser fassaden-als
substanz- los!

Wunder.

Wenn du alles gibst, dann muss es reichen! – gedacht.
Wenn du alles gibst, dann reicht es - falscher Verdacht!
Die Wahrheit gesehen und ungeschont mitgeteilt.
Du hast nichts beschönigt, es hat nicht gereicht.
Zugleich ohne Ende geliebt…
Es bleibt nicht umsonst, was man aus Liebe gibt.
Und was, wenn doch???

Versucht zu verstehen
und jeden Weg mitzugehen
Mit Sandalen an Füßen und rauer Haut
Mit Schweigen und Worten und Schreien-so laut
Mit Schwielen und Wunden
erlitten, geschunden
Es gibt Wichtigeres als mich
gesagt und beschwört, ganz da sein für dich!

Wochenlang um ein Wunder gebetet, gegen alle Logik gehofft.
Denn Wunder…sie kommen doch unverhofft.
Im Grunde lassen sie sich nichtmals erbitten
denn Wunder übersteigen jegliches Wünschen und Bitten.

Träume gepflanzt, Hoffnung gegeben
Mein Leben in deine Hände abgegeben
Hoffend, dass du ein neues gewinnst,
Hoffnung erkennst
lernst, feierst, tanzt und Schweigen aushältst
dich selber dazu

Denn alles, was wert ist, ist in dir selber, bist du.
Drum: dein Schweigen, nicht meins, auszuhalten
und Stille, die in deinem Leben nun walten
halten…gestalten…darf.

Gebangt, gebetet, gezaudert, gezweifelt, geglaubt, gezweifelt, geglaubt.
Verzweifelt, verloren und mit Verlaub:
Wie kann das sein
Wenn keins der Wunder geschieht?
Du weiter nur nicht tiefer siehst
Ist es dann meine Schuld, nicht deine?
Neue Perspektiven, ich zeigte dir meine…

Um Wunder hast du gebeten und ich für dich mit.
Ein Wunder, das sollte es sein
Ich steh hier allein
So soll es wohl sein
Ich habe alles gegeben- hat es gereicht? dir? mir?
Vielleicht aber…ist dein Wunder längst hier.
Vielleicht wirst du nie sehen: alles sollte so sein!
Und mein Preis dafür war allein
dass du es nie sehen wirst, es tut mir leid für dich!
Denn…das Wunder…das du erbeten hast…es bin ich.

WIRKLICH UNWIRKLICH

Nur du weißt, wer ich bin
Nur du…ich krieg´s nicht hin
was ich vorgebe, zu sein
bin nicht, als was ich schein
spiele den anderen mich selber vor
finde Gehör
geliehene Sicherheit
doch in Wirklichkeit
denke ich anders, fühle zu viel
spiele mein Spiel
während in der Gleichzeitigkeit
mein Herz nur schreit
mich fast zerreißt
weil alles nur noch DU für mich heißt
und gleichzeitig nur DU alles bist
-und all das nicht wirklich ist
…und doch so wirklich wahr
Nur Du, weil du nur weißt, was war,
ist und bleibt
für deine, meine unwirkliche Wirklichkeit.

3D

Das Leben ist ein Puzzle: ich hatte längst alle Teile verbaut
Hab stolz mich gebrüstet und mein Werk bestaunt
-so vollständig, Stück für Stück, Teil an Teil und es passt…
-das dachte ich fast…

Doch dann kamst du, mein Puzzlestück
Und plötzlich, da bemerkte ich – zum Glück!-
Mein Puzzle ist längst nicht beendet
Ein Irrsinn, wer glaubt, Lebenswerke wären dazu da, zu enden.
Denn du, Puzzlestück
bist mein Stück zum Glück
-das mir noch gefehlt hat. Dein Stück ergibt erst ein Ganzes für mich.
Du, Puzzlestück, bist ein Teil Ich!
Du zeigst mir neue Perspektiven auf's Leben
Hast mir deine Schönheit und Vollständigkeit gegeben
Deine Unvollständigkeit noch dazu
Dein Dasein, Nahsein, Dein Du
Dein Herz, das sich an andere verschwendet
Dein Puzzle so unvollendet
und darin zugleich so vollkommen und schön.
Ich werde mich niemals daran satt sehn.
Du erweiterst meine Welt um deinen Himmel und Blick
Du schenkst mir Sonnentage, Träume und ein ganz neues Lied und Stück
Nun lächel ich- schau ich zurück…
Weil ich mein Lebenspuzzle so maßlos über- oder unterschätzte und meine Unvollkommenheit nicht sah

Und vollkommen bin ich erst jetzt, denn nun bist du da
-Und dann kamst du…
It´s all about you-
Weil ich erst jetzt seh
Erst jetzt versteh:
Mein Puzzle ist in Wirklichkeit 3D.

Abwesend

Abwesend bin ich
ohne dich
Nicht wirklich da
Ganz und gar
Und immer nur bei dir
Nur scheinbar hier
Abwesend…
Und doch so anwesend
In deinem Leben, da, wo du gerade bist
Mit dabei, auch wenn es nur gedanklich ist
Und während ich so abwesend bin in meinem Leben
Kann ich eben,
nur, wenn ich abwesend bin
anwesend sein…von hier…hin
zu dir- liebe ich in Abwesenheit
mich…von Zeit…zu Zeit!

Weltreise

Das Leben ist eine Reise- und das war deine und meine…
Sind Weltreisende gewesen, wir beide.
Waren überall und nirgendwo
Mal so, mal so.
Vieles war gut und vieles war nah und vieles zu weit
Und wenn wir eins nicht hatten, dann war es: Zeit.

Zeit, stillzustehn
Zeit, den anderen zu sehn
Zeit, nirgendwo hinzugehn (zu wollen)
Zeit, beieinander zu verweilen
Keine Dringlichkeit, irgendwo hinzueilen
Nur Worte, Gedanken, Momente zu teilen.
Uns zu entdecken statt neuen Orten.
Uns zu vertrauen, den Gesten, den Gedanken, den Worten
-stattdessen nur neue Welten anstelle intimer Orte.

Wir sind geflüchtet
Und nun, ganz ernüchtert:
Schickt man uns zurück
Visum abgelehnt, kein Glück
Man raubt uns unser vermeintliches Stück Glück
Stück, das wir Leben nannten
Wobei dir das wahre Leben niemals kannten.
Denn eigentlich hieß das Ziel Ankommen.
Wir haben nichts gewonnen
nur alles verloren, am allermeisten uns selber, weil wir uns nie in Betracht gezogen.
Wir wurden am Ende selber betrogen.

Wir wähnten uns glücklich auf unserer Reise, wähnten uns weltoffen-aber waren es nie.
Und das, das ist die große Ironie!
Dass wir die weite Welt entdeckten, aber nicht uns für sich.
Und Souvenirs und Reisepassstempel erzählen uns nicht.
Nicht unsere verzweifelte Suche nach Sinn
Verlieren und Scheitern und Un-sinn
Alles verloren-das haben wir nun davon
Rennen weiter davon…
Bis wir ankommen….zuhause…angekommen.
-mal angenommen.

Denn unsere Kämpfe, die haben wir allein bestritten
Haben einsam geweint und einsam gelitten
Und viel zu oft unnötig gestritten
Haben so viel Gemeinsames erlebt
Aber nie schlicht und ergreifend zusammen und miteinander gelebt
Haben zwar zig Welten entdeckt
Und uns in ihnen doch immer nur versteckt.

Vielleicht, weil es kein Gemeinsames gab
Denn das ganz normale Leben war unser Grab
Zu viel Zeit für ferne Welten verschwendet
hat unser reales Leben im Hier und Jetzt geendet
Alle Stoppschilder übersehen
Naiv genug, weiterzugehen
Und ich will nur, dass du weißt: ich bereue vieles, aber nicht die gemeinsame Zeit
- Sie reicht nur nicht, bis der Tod uns vereint…

Denn kommst du immer nur woanders an
-dann…
Solltest du erkennen, was ein Zuhause ist
Und wie heimatlos du bist
Solange du woanders suchst, nicht findest und weiterrennst
Vieles gewinnst, aber dich am Ende verrennst
Und am Ende alles verlierst, nichts mehr bist
Weil deine Reise damit gescheitert ist.

Asyl

Bin ein ewiger Flüchtling: flüchte gerne vor dieser Welt,
ganz da bin ich nie
Mich selber findend in meinen Träumen, Gedanken, meiner Phantasie
Spür mich am liebsten allein, bleibe bei mir
Da – und doch nicht hier!
Lieber allein
mit meinen Gedanken sein!
Allein bedeutet: Stärke, Unabhängigkeit.
Ich wähle die Unverletzlichkeit!

Bin auch eine elende Bettlerin, bettelnd um Liebe
dass sie auf ewig bei mir bliebe.
Sehne mich nach Worten, die wärmen und küssen
dass Menschen mich lieben müssen
Arme mich vermissen.
Nähe, Zärtlichkeit, Innigkeit
Tiefe, Stärke, Herzlichkeit
All das, wovon ich nie genug bekomme, lechzend und flehend
Mich immer nach dem Ganzen sehnend.

Flüchtende Bettlerin, angekommen bei dir
bleibt mir
das Ende meiner Reise
denn auf deine Weise-still und leise
will ich das alles finden, nur noch in dir, am Ziel.
Spür:
ich bin endlich da (und du auch)
und nah

bei dir ist Betteln nicht nötig,
Du liebst mich auch unnötig!
In dir löse ich mich auf, werde ich
bettel nur um dich!

Ineinander flüchtend
Verflüchtigt
sich alles andere in mir.
Zuhause, geborgen, geflüchtet-zu dir.

Vorwort:
...Damit es nicht einen Tag gibt,
an dem du nicht weißt: du wirst so von mir geliebt.

Bescherung

Ich hab dich gesucht, ohne dich zu finden
Wir brauchten nicht lange, Leben zu verbinden.
Bist...in mein Leben getanzt, hast Silhouetten gedreht
Ich hab mich schwindelig geguckt, hast meine Welt verdreht
Oben ist unten und weit ganz nah.
Alles anders-denn nun bist du da.

Eine schöne Bescherung - das bist du mir.
Eine Freundschaft, aus Ich und Du - ein Wir.

Du bringst mein Leben auf den Punkt und machst es weit
zauberst und lächelst, malst mit der Ewigkeit Zeit.
Schenkst mir Schnee, den Herbst und den Regen
bist bei mir...egal, auf welchen Wegen.
Du machst mein Herz besser, goldener und schöner
-und meine Feigheit ein ganzes Stück kühner.
Du glaubst, hoffst, lebst für mich
und nicht nur deshalb liebe ich Dich...

Und auch wenn die Worte sich schreiben lassen
merke ich doch, ich kann nicht verfassen
was du eigentlich für mich bist
und wie viel mir unsere Freundschaft ist.
Du hast mir soviel mit dir vermacht - Dinge, die mich selbst überragen.

Und deshalb hier ein Versuch, zu sagen:
wie viel ich dir verdanke
-wenn ich mal wieder zweifel, weine und wanke.
Zeit für Bescherung! -Hier meine Geschenke:
Ich gebe dir mich, die ich liebe und dir mich verschenke.

Ich fliege mit dir um die Welt, damit sie Sonne immer für dich scheint
Frier Sonne ein, die ich auftau, wenn der Himmel graue Tränen weint
Ich schenk dir mein Feuer, damit du nicht frieren musst
und einen Wegmachschredder für deinen Frust.
Erfinde die Welt neu für dich und gebe mich…
Alles für dich!
Meine Worte wollen dich küssen und halten
die Welt für dich neu modellieren, gestalten.
Ich lauf bis ans Ende der Welt
wenn dir ein Eis vom Nordpol gefällt
Und am Südpol klau ich dir Sonnenschein
und alles, was mein ist, ist hiermit auch dein.
Wenn du zweifelst, dann weiß ich genau
Und aus grau und schwarz-weiß mal ich dir ein Blau
und grün und gelb, rot, lila dazu
Ähnlich bunt soll dein Leben sein… wie du!
Ein Tanz im Regen, die Wolken als Trampolin
mein Herz hab ich ne Weile wohl verliehn…
Ich borge dir Hoffnung, geb dir meine Sternschnuppen dar.
ich brauche sie nicht, denn du bist ja da!

Und wenn du lachst, scheint die Sonne, dann strahlt auch der Rest.
Ich tanz auf dem Regenbogen zu dir-wenn du mich lässt.

Wir reiten auf Feen und surfen im Sand.
Und wenn du nicht mehr kannst, dann nehm ich deine Hand.

Mein Herz, wenn deines bricht
Ich breche niemals, was meins dir verspricht
Ich schenk dir mein Schweigen, wenn du voller Worte bist
und meine Worte, wenn dein Reden Schweigen ist.
Deine Tränen will ich alle sammeln und aufheben
sie in Gold verwandeln und dir dann wiedergeben.
Und wenn du mal schreist, dann spiel ich das Echo für dich
Ich reparier deine Flügel und weine für dich
Wenn Leben schwer wird, nehm ich deine Schmerzen,
dein Herz für meines…Transplantation von zwei Herzen.

Ich bin dir immer nah
und auch wenn nicht, ganz für dich da
Mein Herz rennt zu dir, wenn meine Schritte versagen
und meine Worte für dich für all deine Fragen…
Ich bleibe an deiner Seite und stehe hinter dir
Glaube mir:
du bist mir das größte Geschenk, das ich je erhielt.
Und hier sind meine…so macht man das, wenn man liebt!

Den Helden spielen

Den Helden spielen
Dich noch mal und wieder und noch mal lieben
Dir Bücher voll schreiben
Die ganze Nacht wachbleiben
Auf deinen Schlaf aufpassen
Dich in Ruhe schlafen lassen…
Meine Ruhe hergeben
Dein Leben leben
damit deines Ruhe und Liebe in sich birgt
Hoffnung nie mehr stirbt….

Bin stark für uns beide
Weine mit dir und lache, wenn du weinst
Seh dahinter, wenn du glücklich scheinst
Hör dich klagen, wenn du sprichst
Hör die Zweifel, wenn du anderen versprichst
Tanze zu deiner Musik und höre still zu
Denn begreife: das ist vielmehr du
Als ich erfragen könnte und verdiente - Viel mehr du als ich ertrage.
Und deshalb, keine Frage,
sitz ich nur da und hör dein Schweigen, schenk dir meins
Und begreife deins…
Begreif es nie…aber weiß: du steckst darin
Und deshalb frage ich nie nach dem Sinn.

Frage nicht nach deinen Schmerzen
Höre still und glaube deinem Herzen
Seh dich tanzen, deine Stimme füllt den Raum
spring hinein in deinen Traum

vertreib die bösen Geister
rette dich
-Und begreife: ich
kann dir gar nichts schenken
was du nicht schon hättest
Während mein Kopf mir einredet: „rettest…
du nicht die Welt…tut´s keiner…“
weiß ich doch längst: für dich tut´s deiner.
Und keiner…
ist dir so nah…wie du erlaubst
solang du nicht auf andere baust
dich loslässt…und darin…findest…was du nicht suchst
weil du es selber versuchst
und darin findest: ganz dich
ich halte dich…und verspreche…mich.

Nicht gehalten

Dir alles versprochen und alles gehalten.
Das Herz stets zerrissen, der Kopf liegt in Falten.
Mein Wort
war mein Gebot
Ich hab mich an es gehängt.
und das, was ich konnte, geschenkt.
Deine Unbeständigkeit ausgehalten
mich nur an meine Versprechen gehalten.
Dein Fortgehn aufzuhalten versucht
und wohl Unmögliches an falscher Stelle gesucht.

Denn du warst stets woanders und immer auf der Reise.
Und deshalb bleibt eins noch, ganz still und leise,
wenn ich dein weiteres Suchen seh:
wo immer es dich hinzieht, geh!
Ich habe wohl immer nur mich gehalten.
Und unsere Liebe, die hat nicht gehalten.

Du in mir

Zaghaft, zögernd, schüchtern
Alles andere als nüchtern
betrachtet…sehe ich dich an
Bin dann
wie immer immer betrunken von dir
Stehe hier
und da
wünsche mir dich nah
Will deinen Atem hören, jedes Muttermal spüren
dich so gerne berühren
halten, streicheln, trinken
und end-lich dann in dir versinken
In deinem Kopf, in deinem Herz, in deinem Bauch
und überall woanders auch
Weil du bei mir schon so in jeder Pore steckst
und mein Wunsch nach Nähe zu dir nur wächst
je näher du mir bist
je tiefer dein Michansehn ist
will ich ganz eins sein mit dir
Denn: du fühlst dich so schön an…in mir.

ENDLICH!

Schuld und Schule, Vergebens und vergeben
liegen oft nah beieinander im Leben
Vielleicht, weil nur ein Buchstabe sie trennt
und manchmal nur ein Mensch, der in die andre Richtung rennt.

Sich versagen oder Versagen,
zu viel oder zu wenig fragen
Es gut meinen und besser-und dennoch scheitern
weil man zu kurz sieht...oder meint, den anderen zu erweitern (müssen)
und dabei durch seine Sicht in einer Enge landet
die am Ende heißt: gestrandet!

Zu viel gefragt, zu viel gesagt-
und vielleicht umgekehrt... und doch versagt.

Und nur ich bin die, die leidet, sich nicht verzeiht
bin nicht bereit, so einfach loszulassen
und will doch, kann doch nicht
so leicht vergessen wie du mich...

Vergessen-wäre das nicht zu vermessen?
Wer kann schon: sich erinnern zu vergessen?
Ich hab soviel versucht
und jede Möglichkeit danach doch nur als unmöglich verflucht...

Wochen, Monate, und länger noch
und doch-
denn: wie vergisst man, solang man sich daran erinnern muss?
Wie gibt's ein Ende, wenn man den Schluss

nur für sich erfindet,
niemals gemeinsam die Lösung findet!? (wie auch?)

Und dann...urplötzlich wachst du auf und merkst: du bist endlich allein
So sollte es deinen Plänen nach schon vor Monaten sein...
Auf einmal nur Stille und Frieden
deine Erinnerungen haben über Nacht aufgehört, sich zu bekriegen
Und auf einmal ist das „was wäre wenn" verschwunden.
Kein Konjunktiv mehr, kein Wunden-zu lange geschunden.
Zeit heilt alle Wunden...

Deine Antworten-nun lebst du nicht nur ohne sie, sondern auch ohne die endlosen Fragen
auf die du dich am Ende nicht mehr Antworten zu suchen trautest zu wagen
Alles Imaginäre endlich vorbei...
und du...wieder frei....

Wachst alleine auf, fragst nicht, lebst, wirst wieder groß
bist all diese Fragen los

So lässt man los...

Erinnerung

Sonne, die langsam untergeht
Wind, der mein Haar verweht
Jede einzelne Nacht und darin jeder Traum
Verqualmter Bahnhofswarteraum
Wartend unter lauter Unbekannten
Familienfest-und doch allein unter Verwandten
Vollmond
Ein altes Haus, in dem niemand mehr wohnt
Ein Meer von Sternen
Das Gefühl, sich von Zuhause zu entfernen
Der Geruch des Meeres, Freiheit, die nicht atmen kann
Ein ankommendes Fischerboot mit überragendem Fang
Spiel eines Mobiles im Wind
Hände, die warm sind
Muster im Himmel, Sternzeichen
Worte, die mich ganz tief erreichen
Gesten, Blicke, Streicheln auf meiner Haut
Alles leise-und doch ganz laut

…erinnern mich an dich
Denn ich
vermisse dich
gestern, heute, morgen, dazwischen, danach
…immer-ganz einfach!

Sonne, die langsam untergeht…
Und dass sich diese Welt noch weiterdreht
ohne Dich
das bezweifel ich!

Wirklich ich?

Meinst du wirklich mich
Mit deinem „ich liebe dich“?
Ich glaube dir alles, was du sprichst
Dass du keins deiner Versprechen brichst
Bloß habe ich Angst, wenn du siehst, wie ich wirklich bin
Ist´s dahin
Kannst du mich nicht mehr lieben: zu verschieden!
Ich bin nicht die, für die du mich hältst
Leben mit mir viel zu anstrengend, als, dass du´s dir besser vorstellst
Aus Angst vor Nähe und mehr
Mach ich euch mich selber schwer
Zu vieles, was nichtmals ich versteh
Zu viele Wege, die ich dann doch allein geh
Zuviel Angst vor Zärtlichkeit
Immer kontrolliert, nicht bereit
Alles zu sein
Für jemanden… als mich allein
Denn mich kann ich ruhig enttäuschen
Weil zumindest nicht täuschen!
Aus Angst, nicht zu genügen
Aus Angst, dich mit deinem Bild über mich zu betrügen,
das ich aufrecht erhalte, nach dem ich spiele
-solange bis….
…ich liebe!

TRAUM-haft

Traumhaft schön…dich sehn,
Dich haben, mit dir durch mein Leben gehn.
Niemals allein zu sein
alles mit dir zu teiln.
Dich nie zu verstehen und doch so selbst-verständlich ge-
borgen bei dir
Finde ich Zuflucht vor mir
Flüchte in deine Augen, finde Halt
In Form deiner Gestalt.

Immer alles, niemals ein bisschen, eventuell
Deine Dunkelheit macht alles hell
Deine Wut ist mein Schutz
vor meinem Eigennutz
Versagen darin aufgefangen
Vertrauen angefangen…
und weitergemacht
und weiter und weiter…und immer mehr…
Denn:

ich liebe, dass du auf meine Sensibilität solche Rücksicht
nimmst
mich in den Arm nimmst,
wenn ich dir weh tue
Festhältst, wenn ich nicht mehr in mir ruhe
ziellos bin, mich bei der Hand nimmst
immer wieder neu mein Herz gewinnst...
Ewige Liebe - dir würde ich sie schwören
denn für immer will ich dir gehören…
Jede Berührung ein Kuss

Jeder Kuss ein Hoffen auf die unendliche Geschichte ohne Schluss.
TRAUMhaft real?
Oder viel zu surreal?

Gefangen in Träumen, so Zauber-Haft…
Bin ich gerne gefangen in dir
Denn darin so traumhaft frei von mir…

EWIG

Kein Wort, Unsagbares zu sagen
Drum bleibe, was ich sagen müsste, stumm zu tragen
Auch du hast nie geklagt
Und gingst zu plötzlich, ungefragt.
Ungesagt
Bleibt soviel bei mir zurück
Worte, Erinnerungen, von Dir ein Stück
Dein Lachen, dein Glück
Als du noch hier warst
Bevor du…einfach so…starbst!
Und ich?
Ich setze dir ein Mal aus purem Schweigen
Und werd mich darin still verneigen
Vor dem Tod- zugleich dem Leben
All dem, was du mir hast gegeben
Bist gewesen
Auf ewig DU-nur kein Wort als Gefährte meiner Schmerzen
Du lebst ewig…weiter…für mich…in meinem Herzen!

Flausen im Kopf

Seit meiner Geburt im Winter
war ich ein Sommerkind
Und während andre sich schon freuten, irgendwann mal groß zu sein
fing ich erst an, gerade mal klein zu sein…
Ich hatte eine Menge Durst, mein Glas war immer halb gefüllt
Mein Lebensdurst blieb dennoch immer ungestillt…
denn:
„Du hast eine Menge Flausen im Kopf" –hörte ich Erwachsene über mich denken
-und konnte ihnen dafür nur ein müdes Lächeln schenken.

„Nur Flausen im Kopf"- „Das gibt es nicht"-gibt es nicht
Warum dauernd klagen? Ich spiele lieber: Mensch-ärger-dich-nicht!
Die Karten mischen sich immer neu in jeder Runde
Und 60 mal eine Minute, die machen erst eine Stunde
Verbiegen wir Wahrheit und dichten sie selbst
Und während die Welt sich an Regeln festhält
sagt: „werde erwachsen!"
Denke ich mir: dass Wachsen
nur der wirklich kann
der das Wort „noch nicht" noch kennt
und nicht seine Träume ein „Niemals"/ „Das gab es noch nie" nennt.

Und dann traf ich dich
und erkannte auch mich

Endlich jemand, der meine Flausen zu Garn spinnen kann
und der mich versteht- ganz von vorne an.
Träume sind Schäume, also gibt's ne Menge Schaumpartys
Und nie wieder höre ich von dir das Wort „noch nie“
Als Flausenjäger wurdest du mein spinnender Mitstreiter
Und wenn nichts mehr geht, dann laufen wir eben weiter…

Komm, wir ziehen in die Schlossallee
in meinem Kühlfach sammeln wir Schnee
Und bauen Schneemänner im Juli, essen Eis im Dezember
Bezahlen mit aufgefangenen Sterntalern
Ich male dir einen eckigen Kreis und in den Sonnenuntergang Delfine
Du baust mir eine Welt aus lauter Adjektiven
Schenkst Blumensträuße aus vierblättrigem Klee
Und mittendrin eine wunderbare rote Idee (wer braucht Rosen?)

„Nur Flausen im Kopf“- und davon unendlich
sage ich heute endlich:
Lass es uns der Welt zeigen- und im Universum versinken
den Schaum unserer Träume trinken
Denn das Glas ist halb voll, weil dir durstig sind…
Und da sind immer noch Flausen und Ideen
Die nur wir beide verstehn
-komm, lass uns gehn…
Die Welt auf den Kopf stellen und Wahrheit verdrehn
Die anderen werden schon sehn…

Für mich behalten?

Wie kann ich für mich behalten, was wir einander waren,
wofür wir uns mal hielten?
Wie meiner Liebe das Wort verbieten?
Gedichten, Gedanken, Gefühlen Schweigen gebieten,
wenn mein Herz schon so laut von Dir erzählt?
Und mein Bauch, meine Beine, Sehnsucht, die mich quält?
Und wenn auch niemand meine Worte vernimmt,
sie vergeblich sind
alles ungehört bleibt
und ungelesen, was ich schreib
so hätte ich´s doch nie für mich behalten können- das
wusste ich.
Aber wenn ich schon dich verlieren musste
dann auch, was war, nicht für mich behalten
und mich an Worten statt an dir nun festzuhalten…
-ich kann dich eben nicht für mich behalten!

Widersprüchliche Wahrheit

Dir näher sein, wenn ich dich fern sein lasse
Behalten, indem ich dich loslasse
Und wenn ich noch mehr von dem sehe
Woran du in dir leidest- dein Dichselbernichtverstehen
verstehe
Dann liebe ich dich noch mehr!
Alles Leichte wird schwer
Alles Schöne so leer
ohne Dich

Denn ich
weiß jetzt, dass ich durch dich erst bin
Und alle Fragen und Schmerzen machen plötzlich Sinn
Ich muss dich gehen lassen, um dich wiederzusehn
Und nur mein Nichtverstehenkönnen verstehn
-hast du mich in deiner Widersprüchlichkeit die Wahrheit
gelehrt:
Dass man alles gewinnt, wenn man alles verliert!

Weltveränderer

Um die Welt zu verändern
Ein Schicksal zu einem Besseren zu wenden
Tränen wegzulachen
Falten zu Lachfalten zu machen...
Um die Welt zum Leuchten zu bringen
Für Stumme zu singen
Lahmen Flügel zu geben
Dein Leben herzugeben...
Einsame zu besuchen
Hass und Dunkelheit zu verfluchen
Dein Herz einem anderen zu schenken
Rückgrat einzurenken...
Um da zu sein, zu lieben-und das bedingungslos
Nicht klein zu denken, sondern groß
Großzügig zu sein
im Kampf gegen Alleinsein...
Um Steine wegzuräumen und Türen zu öffnen und Perspektiven zu weiten
Menschen auf den richtigen Weg zu leiten
Um Himmel auf Erde zu holen....
Um die Welt zu ändern braucht´s nicht viel...
Nur dich!
Und das an sich kann Ketten sprengen, Mauern niederreißen, die Welt bunter und schöner machen!
Und deshalb solltest du dein Lachen
nicht länger für dich behalten, sondern anfangen, zu verschenken und geben!
Und es ein Stück besser machen...nicht nur, aber AUCH DEIN Leben!

Gegangen

Du bist gegangen, ohne ein Wort zu sagen
Gegangen, ohne auch nur einmal nachzufragen
wie ich zu all dem steh
Wie ich eine mögliche gemeinsame Zukunft seh.

Gegangen warst du längst schon vor der Zeit
Zum Absprung längst bereit –und vorbereitet
Während ich noch immer ahnungslos treu und still hoffte, versuchte und machte
an eine gemeinsame Zukunft dachte.

Und während ich dachte, wir schaffen das und kämpfen dafür
Stand längst dein Dagegen dafür
Warst du schon längst gegangen
Ich frage mich: wie lang wäre es noch so weiter gegangen?

Ich hätte alles versucht, mir Beine ausgerissen, mein Leben riskiert
Es hat dir nicht gereicht, du hast dich isoliert.
Kam nicht mehr an dich ran und habe nichts erreicht.
Und alle kläglichen Versuche, sie haben nicht gereicht.

Du wirfst mir Egoismus vor und sagst, ich denke nur an mich.
Wer ist der, der geht: du oder ich?
Und deine Antworten standen schon vor der Frage fest.
Ich bleib allein. Allein mit dem zerbrochenem Rest.

Wie kann es sein, dass man allein für eine gemeinsame Zukunft investiert?
Während der andere längst den Bankrott erklärt und vor Verantwortung flieht?
Wie kann es sein, dass all die Jahre nichts gelten und waren?
Und dass man gehen will, dennoch versucht, auszuharren?

Du bist gegangen, ich bin es nicht.
Und egal, was du auch denkst, ich seh es nicht.
Denn du hast ein Leben beendet, das ein gemeinsames war.
Du hast der Geschichte Vergangenheit genommen. Und auch die Gegenwart und Zukunft noch hinzu.
Denn gegangen…das bist du!

Gegensätzliche Fürsätze

Du: nüchtern- starker Kämpfer
Ich: schwach-sensibler Dichter
...bist du der, der gleichzeitig alles verbissen betrachtet
Zu wenig auf sich und seine Gefühle achtet.
Und ich, ich bin die, die naiv sich selber verschenkt
und doch zu viel grübelt und oft zu wenig denkt.

Deine Stärken sind meine Schwächen und meine Schwächen deine Stärke
Dein Schweigen für meine Worte und mein Weichsein gegen deine Härte

Ich klein und du groß- und manchmal genau das Gegenteil.
Genauso: mal verletzt und mal heil.
Ich vertraue der Welt und du fürchtest sie
Du vertraust selten und ich misstraue nie.
Verschiedenheit
die uns vereint.
Denn eines das sehe ich blind:
wie absolut gegensätzlich wir sind!

Aber wenn es Gegensätze gibt, dann muss es auch Fürsätze geben.
Ein Gegensatz gegen einen Gegensatz, ein Leben für ein Leben.
Und schenkst du mir deins, dann tausche ich mich gegen dich ein
und will dein gegensätzlicher Fürsatz sein!

Gegensätze ziehen sich eben manchmal an...
und dann...
sind Anziehungskräfte etwas, das einen über sich selbst
hinauswachsen lassen kann...
zu einem anderen hin.
Ich finde, das macht Sinn!

Genau so

Nebel macht der Sonne endlich Platz
Der lang ersehnte gesprochene Satz
nach langem Schweigen
Obstbäume, die sich im Herbst so schwer beladen tief verneigen
Herbstvögel, die gen Süden fliegen
Am Ende eines Tages endlich im Bett liegen
Ein Becher Wasser nach tagelanger Wanderung durch die Wüste
Der Prinz, der Dornröschen nach 100 Jahren endlich wachküsste
An Weihnachten plötzlich Schneeflocken sehn
Nach Jahren noch mal durch die alte Schule gehn
Die ersten Sonnenstrahlen nach Monaten der Regenzeit
Ein Baby, das laut nach der Mutter schreit
Der Duft nach frischem Brot, wenn mich der Hunger quält
Das Ergebnis nach der Wahl: bin ich gewählt?
Der Regen, der die Blumen glücklich macht
Das Tageslicht nach wieder mal durchwachter Nacht
Eine frische Dusche nach langer Reise
Und nach dem Großstadtlärm wird's langsam leise
-genau so vermisse ich dich
Und finde dabei…immer und immer wieder nur mich
Voll von Sehnsucht
Die dich überall sucht
Nicht findet, zugleich überall--- leer von dir
Denn du fehlst mir!

GESTORBEN- Der Tag, an dem ich dich verliere

Reißt Sterne vom Himmel, bedeckt die Sonne mit finstren Jallousien!
Ich will nichts sehn, vor der Schönheit dieser Welt nur fliehn!
Lasst Vögel verstimmen, die singen!
Nur Totenstille soll noch erklingen!
Blumen nicht blühen, der Himmel nicht strahlen
Niemand sonst mit seiner Schönheit prahlen!

Ich suche düstere Gräber, einsame Wälder, Ferne, Einsamkeit
Zeitlose Zeit,
Gefangene in Erinnerungen und Geschichten
Dachte, sie wären unsere - mitnichten
…vernichten…

Haltet den Zeiger aller Uhren an, stellt alles auf leise!
Raubt den Sternen ihre Weise
Licht zu geben, Erinnerungen zu schenken
die Hoffnung, in den Sternen an einen anderen zu denken!

Verbrennt Gedichte!
Vergesst die Geschichte!
Die Geschichte von zwei Menschen, die sich liebten und darin verloren
sich ewige Liebe schworen
und das für immer- und es für möglich hielten, das zu leben
Sich selber dumme Namen geben

alles füreinander gegeben
-und damit alles aufgegeben.

Für immer ist so lang, wenn´s das nicht gibt!
Für immer eine Ewigkeit, wenn man verzweifelt liebt.

Begrabt die Träume, vernichtet alle Jahreszeiten!
Lasst Schiffe ohne Käptn gleiten!
Denn der Tag an dem ich dich verliere,
ist auch der Tag, an dem ich nichts mehr spüre
als nur dich
…tot…gestorben…bin ich.

WEITER

Dieser Moment, in dem du merkst:
Das war´s!- Oder: Das war´s nicht!
Dieser Moment, wenn du verstehst, du verstehst ums Verrecken nicht!

Denn:
In wem hast du dich getäuscht: dem anderen, dir selber, dem Leben!?
Alles versucht, alles gegeben
-und am Ende war´s vergebens!

Zumindest am Ende- aber da war´s eben schon am Ende.
Wüsste man vorher, was passiert, gäb´s wohl zu früh falsches Verständnis, falsche Verbände
Beteuerungen, die nichts helfen und ändern
Kein Gestern, kein Morgen, kein Verändern!

Und ehrlich:
Hätten wir früher gewusst, was aus uns würde, würde es wohl nie aus uns geworden sein.
So steht man da und denkt sich seinen Teil.

Und dann steht man da und merkt: man ist allein!
Und du merkst: du hältst es aus, du kannst das sein!
Denn besser alleine alleine sein als zusammen allein.
Und besser überhaupt irgendwas zu sein!

Und wenn nur jemand, der an Idealen, dem Leben, sich selber gescheitert ist.

Und der dennoch, auch am Ende noch weiß: DU BIST.
Aufstehen, Krone richten, weitermachen- weiter und weiter.
Es verstehen zu versuchen, vielleicht nie können, und doch nie aufhören:
zu glauben, dass Leben gut ist.
Und dass am Ende eines reicht: DU BIST!
.

Was ist das schon?

Mal wieder stehe ich vor dir und sehe dich an
Und dann...
Kann ich nichts mehr denken
Und will dir einfach nur alles schenken
Was ich habe und bin.
Denn wenn ich dich sehe, machst doch nur du für mich Sinn....
Ist es so klar, sprechen meine Sätze mich:
Ich bin für dich da...denn ich liebe dich.

Denn weil ich so überwältigt von dir bin
Macht plötzlich alles Sinn
Und sage ich diese Sätze nicht nur für mich
Ich sage sie laut und ich sage: für dich!

(später)

Ich will für dich da sein, das habe ich gesagt
Und mich erst danach gefragt
was ich da eigentlich verspreche...und ob ich es versprechen kann..
Was ist, wenn ich es nicht halte? Und dann?
Was, wenn Worte Worte, aber noch keine Taten sind?
Was sind schon Gefühle, solange sie nicht auch erkennbar sind?

Ich will für dich da sein...ich will es doch wirklich!
Und meine Wünsche in diesem Moment sind absolut ehrlich...

Und doch unerfüllbar? Was hieße es denn, für dich da zu sein?

Es hieße: ich ließe dich niemals allein!
Es hieße: Dir zuhören- und manchmal auch reagieren!
Dich ansonsten vor allem einfach nur zu umarmen und suchen, dich nicht zu verlieren!
Dich ausreden lassen- und manchmal auch nicht!
Denn manchmal, da kenne ich dich dann wohl besser als dich.

Deine Wut zu teilen, deine Freude zu spüren
Alles zu tun, dich nie mehr zu verlieren!
Für dich da zu sein und darin mich selber zu finden
Eigene Grenzen zu überwinden
Um deine Horizonte zu erweitern!
Deine Langeweile zu erheitern.
Und Wunden zu verarzten, die eitern.
Dich lieben- und manchmal auch noch mehr...
Das Schwere leichtmachen und das Leichte so schwer
Dir meine Perspektive und Welt zu verleihen...
Und dich von dir selber zu befreien.

Ich will es...und sage es...und tue es- vielleicht?
Und hoffe für mich, dass es reicht
Was ich dir schenke...
Denn es bin nur ich!
Was ist das schon gegen dich!?

Vom Suchen und Finden.

Ich habe dich nie gesucht und ganz plötzlich gefunden.
Und du hast schon immer gesucht und mich nie gefunden.
Bis deine Suchen ein Finden geschenkt bekam
während mein Finden zu suchen begann...

Und nun sind wir suchende Gefundene,
und darin Verbundene.

Denn:
Manchmal schließt sich ein Kreis und bleibt doch unendlich
Manchmal denkt man sich: endlich!

Weil man jemand gefunden hat, den man vermisst hat, ohne es zu wissen.
Denn was nicht da ist, das kann man nicht vermissen:
Einen Teil des anderen, ein ähnliches Wesen.
Und ohne es wäre man ein bisschen weniger gewesen.
Und war es vielleicht die ganze Zeit
doch war zu suchen oder finden nicht bereit.

Vorher war eins und eins zwei
Nun ergibt eins und eins eins.
Unlogisch, sagst du, ja!?
Genau das ist es ja...
Wenn Menschen sich finden, ohne sich zu suchen-
oder sich suchen, ohne sich zu finden.
Und wenn dabei das Ergebnis ein Wunder ist.
Weil ich du bin und du ich bist!

-Goldig-

Du bist mir nicht ins Auge gestochen,
hast viel mehr direkt mein Herz zerbrochen
Hast Scherben gesammelt, ein Kunstwerk erbaut
andere haben es bestaunt: mal leise, mal laut.

Unansehnlich für andere, und doch wunderschön
sollen es alle sehn
denn du hast die Scherben aufgehoben
und kunstvoll neu zusammen verwoben.
Aus Nichts Alles und aus allem Nichts gemacht
und meine Tränen, die haben für dich gelacht.

Eins weiß ich, fürwahr:
dass besser ist, was ist, als war.
Ich mache dasselbe, zersetze dich in meinem Wagen
zu fragen:
ist es guter Wille, der angeblich zählt?
Und was, wenn er das Falsche wählt?
Fragt man schon, was man riskiert,
wenn über allem steht: man liebt?
Als rechnete man…
und entschiede erst dann
Intuition-Gewissheit oder Kurzzeitigkeit?
-Dagegen: mein Glaube für die Ewigkeit…
Schenkst du mir deine Scherben auch?
Ich schneide mich nicht, ich passe schon auf…

Und du?

Was machst du mit den Gewittern in dir, wohin fließt dein Regen?
Sind Tränen für dich noch immer Fluch oder schon Segen?
Zärtliche Worte-fürchtest du sie?
Und ein Zuhause für niemals und nie?
Suche oder Gefunden?
Verwundet oder verbunden?
Siehst du dich, wie du bist?
Oder siehst du nur das, was unbezweifelt ist?

Goldenes Herz-
verbirgt allen Schmerz
Aber:
Schönheit, die sich versteckt,
bleibt niemals unentdeckt
Worte bauen Welt
Liebe ist, was zählt
Nicht was war, sondern was sein kann
-Und das fängt gerade an…
Schnee zu Wasser, Wasser zu Schnee
Gräser -auch vierblättriges Klee
Träume sind Wahrheit
und Wunden Geschichten
Öffnen sich Himmelspforten
verendet das Horten
Sterntaler…Sternschnuppen…
die sich am Ende als Gold entpuppen…

Dein goldenes Herz hat mein Herz vergoldet…
und hier: mein Herz für das, was es dir schuldet.

Halt-los…

Halt mich…
Wenn ich nicht(s) mehr kann, nichts sage, rede, spreche
Jedes Versprechen breche
Genau dann brauche ich dich!
Halt mich…

Halt mich…wenn ich so kühl bin
Mein Handeln, Leben ohne Sinn
Wenn meine Tränen versiegen
Und meine Worte Wahrheit verbiegen…
Genau dann suche ich dich!
Halt mich…

Halt mich…wenn ich dich verletze
Und wenn du es am meisten brauchst, versetze
Wenn ich so furchtbar ungehalten haltlos agiere
Den Halt in dir verliere…
Genau dann verliere ich dich!
Deshalb halt du mich!

Halt mich…wenn ich mir selber nicht mehr in die Augen sehen kann
Und im Spiegel blickt mich eine Fremde an
Wenn ich nicht mehr dieselbe bleibe
Keine Gedichte mehr schreibe
Verzweiflung und Müdigkeit mich befallen
Und ich ins Bodenlose falle.
Genau dann ignorier ich auch dich.
Halt mich!

Halt mich…wenn alle weggehn, weil sie mich nicht mehr ertragen
Und meine Wahrheiten mich selber hinterfragen
Wenn ich nicht mehr aufstehen mag
Und keine Besonderheit mehr entdecke in meinem Alltag.
Genau dann suche ich dich.
Halt mich!

Halt mich…wenn meine Welt in Scherben zerbricht- und ich mich daran schneide
Ich weine, taumel, blute, leide
Wenn ich kein Licht mehr ertrage
Mich hundertundeinmal dasselbe frage
Wenn meine Gedanken ganz undenkbar sind
Ich lahm werde, taub und blind
Dann verliere ich mich.
Und halte mich an dich!

Und wenn ich nichts mehr auf mich halten kann
Bitte halte mich genau dann!
Denn dann hält mich nichts mehr als nur dein Halten.
Halt mich, Haltlos Gehaltene!

Herzschritt(macher)

Du gehst, du tanzt, du fliegst-auf geht´s auf Reise…
Ich seh dich gehen und bleibe leise
während alles in mir schreit
Denn ohne Dich ist eine kurze Zeit die Ewigkeit….
Und das, was kommt, ist noch so unbekannt
Ein fernes, weites, großes, fremdes Land
Ich habe Angst und geb dir meine Hand
Am liebsten hieltest du meine dafür für immer
Verlängerung des Augenblicks…
Für immer und am besten jetzt…und dann noch bis zuletzt.

Das Leben nimmt dich mit, mich lässt es hier-
Du tanzt, du lachst, ich wünsch es dir
Und wenn uns tausende von Meeren trennen
Würd ich am liebsten übers Wasser zu dir rennen
Wenn tausend Wolken zwischen uns liegen
Auf Engelschultern zu dir fliegen…
Mit Schmetterlingen, auf Sonnenstrahlen
mit Liebe und Tränen bezahlen
Ob das reicht?
Ich habe viel davon, jetzt und gleich.
Ich gäb auch meinen Schmerz und die Sehnsucht
Für eine Möglichkeit zur Flucht
Auf Flügeln von Engeln reite ich im Wind,
und nehme Geschichten mit, die für dich sind
Millionen Legionen, die hinter mir sind
Vor Liebe blind

Und öffne ich die Augen, dann sehe ich dich

Und schließe ich sie, auch dann besuchst du mich
-und auch wenn ich verzichten hasse
Ist´s wichtig, dass ich dich gehen lasse

Nun bist du weg und ich sehe dir nach
Und liebe dich auch noch danach
Ich warte hier auf dich, beweg mich nicht vom Fleck
Glaub mir, ich gehe hier nicht weg!
Denn ohne dich bin ich nur halb
(und nichtmals das so richtig)
Und deshalb:
Geb ich mein Herz dir mit
Es folgt dir Schritt auf Schritt
Denn ohne Dich schlägt meines sowieso nicht
Herzschrittmacher, Du

Und deshalb steht es außer Frage für mich
Auch wenn du fort bist, liebe ich dich
Denn wirklich weg bist du nie für immer…und am schlimmsten jetzt
Denn bis zuletzt, bleibt es Gesetz
Dass jeder Moment, in dem ich dich vermiss
Mir sagt: sei dir gewiss!
Dass, wer vermisst
beweist, dass er den anderen ganz sicher nicht vergisst.

Immer-noch

Verzweifelt
unangezweifelt
Schreit mein Herz
Erinnert mich der Schmerz
daran, dass ich dich liebe
Unabhängig davon, ob bliebe
Du bliebst
mich weiter liebst
Oder längst woanders bist
vorbei ist
was wir uns waren- immer noch!

Doch
Du hast dich anders entschieden
bist nicht geblieben.
Und wenn ich dich nun sehe
begehe ich
Selbst-mord, weil mich meine Liebe zu dir umbringt
Unbedingt!
Ich kann nicht anders, bin verrückt nach dir
Alles in mir…
Du bist…überall…in mir, über mir, vor mir, hinter mir
Wegen dir
fehlt mir
soviel zum Glück- DU
Immer noch.
Du liebst längst jemand anderen, lässt mich allein
Mit Erinnerungen sein
Kein
Du, kein Sinn

Krieg´s nicht hin
Nur her
Ohne dich so leer
Kalt, dunkel, sinn-los!
Bloß
sinnlos- immer noch…
hoffe ich, ich schaffe es, dich glücklich sein zu lassen
neue Pläne zu fassen
dich sein zu lassen
während ich hier sitze und nur eines weiß: dich
und, dass ich liebe…dich!
Immer! Noch!

Vielversprechend

Vielversprechend begonnen
Einander in Liebe gewonnen
Du und ich zum Wir
Viel versprechend warst du für mich, zu mir

Haben gesagt, wir würden unser Versprechen,
einander auf Dauer zu lieben, nicht brechen
immer zusammen, uns nahe sein
nie fern – du sagtest, du seist immer mein
…hier steh ich nun…
Allein…

Ich hab mein Wort gehalten
Hab mich an all dem festgehalten,
was wir uns mal geschworen
-nur machte meine Leicht-gläubigkeit mich zum Toren

Viel versprechend heißt: viele Hoffnung, keine Sicherheit
So steh ich hier…verzweifelnd und sicher nur ist meine
Einsamkeit
Uns viel versprechend haben wir uns wohl zu viel verspro-
chen
Und am Ende noch viel mehr als das gebrochen…

Ver-schätzt

Du warst in einem Satz:
Mein kostbarster Schatz
Den ich heben, finden und entdecken wollte
Und dessen Belohnung mir doch nie zukommen sollte…

Ich habe gekämpft und geweint, gerungen und dir alles gegeben, was ich hatte: mich!
Du hast gezögert, gezaudert, bist geflüchtet und warst verzweifelt…vom Leben an sich.
Aber hast es nie zugegeben
Ich dachte, es reicht, an deiner statt für dich zu reden
Ich dachte, es reicht, wenn ich weine
und meine
was ich sage,
während du weiterlügst, keine Frage.
Ich dachte, irgendwann holt Wahrheit dich sein
Im wahren Leben sollte es doch so sein
Dass Wahrheit am Ende siegt
Man mehr bekommt, als man gibt,
wenn man liebt!

Heute weiß ich: Liebe lässt Menschen erst misstrauen
Auf niemanden als sich selbst zu vertrauen
Und vielleicht hab ich das ja selber getan
Mir selber mehr Gewicht beigemessen als dir…
Bin damit nicht nur dir ungerecht geworden, sondern auch mir.

Ich dachte, wenn einer nur mehr als genug liebt, dann reicht das am Ende doch!

Und sehe nun, noch:
Es reicht nicht!
Dich erreichte ich damit zumindest nicht.

Ich habe an die Sanftheit deiner Seele geglaubt
Und du hast mir nicht nur Jahres meines Lebens geraubt
Sondern auch den Willen, Gutes im Menschen zu sehen
und für einen anderen durchs Feuer zu gehen.
Denn: ich habe mich verbrannt…
und dich…dich habe ich verkannt.
In Wirklichkeit haben wir uns nie gekannt!
Das nennt man anstelle von Schatz wohl: verschätzt…

Ironie

Es gibt diese Zeiten im Leben,
denen kann man sich nur ganz und gar oder gar nicht hingeben.
Und das Tragische daran ist, dass der eine es tut, der andere nicht...
und daraus entsteht dann für den einen ein Gedicht.
Der andere lebt weiter und stellt seine Fragen nicht
und vermutlich denkt er: "Bescheuert, ein Gedicht..."
Und vielleicht und ganz sicher ist es das auch...

Denn was, wenn manchmal keine Antworten schlüssig erscheint
Lacht man oder weint!?
Oder macht einfach bloß so weiter wie zuvor
Nachdenken ist gefährlich, du Tor!

Der andere scheint heiter,
aber der eine fragt weiter:

Warum sehen wir die Welt nicht alle gleich?
Warum ist der eine arm, der andere reich?
Warum scheitert eine Liebe,
während zwei andere sich versprechen, dass sie für immer bliebe?
Warum gehen Menschen-und das viel zu früh? Und andere erst viel zu spät?
Warum sind Leben und Sterben manchmal wie ein Video, das nur unvollständig lädt?

Zurück zu dir:
Was hat dir die Freude geraubt und dich müde gemacht?
Warum weint ein Mensch über dasselbe, über das ein anderer lacht?

Was ist Einbildung, was wirklich wahr?
Und waren wir uns überhaupt wirklich jemals nah?
Oder hast du mich bloß fallen gelassen, stehen gelassen...
Warum hast du mich verlassen?
Was hat dich bewogen, mich nichtmals mehr zu hassen?
Sondern dir einfach nur...egal zu sein.
Warst du es, waren wir es, war ich es allein?
Wann hast du begonnen, mein Lieben zu hassen, meine Hand auszuschlagen
Feigesein zu wagen?
Und ist Feigesein-Wagen dann Mut?
Tut er dir gut?

Wann hast du angefangen, nicht mehr mit mir zusammen sein zu wollen?
Oder hat es bloß einfach so sein sollen?
Ist das der Lauf der Dinge, kein großer Akt?
Manche Dinge im Leben sind einfach bloß Fakt!
Warum aber stellst du gar keine Fragen mehr?
Warum ist dein Herz, das so voll von mir war, auf einmal so leer?
Was oder wer füllt es jetzt?
Und war ich noch bei dir zuletzt?
Als du den Staub abwischtest, Türen geschlossen hast?
Vorbei deine kurze Rast...
bei mir, für uns, so atemlos still...
wundervoll!

Und ich?
Wann wurde meine Sensibilität Empfindlichkeit?
Wann warst du nicht mehr zu teilen bereit?
Warum war ich so naiv-oder einfach bloß glücklich?
Und warum am Ende doch vergänglich?
Ich dachte doch, Liebe währt ewig...

Warum stelle ich die Fragen, während du nichtmals Antworten suchst
den nächsten Menschen buchst,
der dich in den Himmel hebt, weil es dir um dich ging, nicht um mich!?
Habe ich das nicht gewählt
aber verdient?
Warum nur liebe ich dann immernoch...dich?

Was ist schwerer: ein Kilo Federn oder ein Kilo Blei?
-Einerlei!

Und vermutlich ist das die Ironie
Dass der eine nun hasst, der andere liebt
Der eine weiterhin gibt, der andere nur nimmt
Sich zwei und dieselben entfernen und entfremden und niemals wieder eins sein werden
Nichtmals mehr, wenn sie sterben
weil sie es längst vorher taten
Nichts mehr, worauf zu warten.
Nichts wird sich ändern, niemals mehr
und nur mir fällt das alles schwer...

Manches im Leben erfahren wir nie.
Das ist ja die Ironie…

Mein Schatz

Ich war auf Schatzsuche- ungewusst
Und unbewusst
fand ich dich!
Und die Sache an sich
war mir von Anfang an klar:
Dass da so viel Besonderes war
In dir liegt!
Mich in den Himmel hebt und meine Abgründe liebt.

Ich schätze, ich kann mich glücklich schätzen
Und werd mich damit nicht verschätzen
Denn alles, was ich so schätze an dir
All das, du schenkst es mir!
Und es gibt nichts, das nicht wert ist, geliebt zu sein
Ich wünsch mir alles von dir, auch dein
„Ich kann nicht, bin nicht"
Deine Schatten und dein Licht
Dein ganz oder gar nicht
will ich!

Deine Wunden zu pflegen, deine Narben zu streicheln
Deine harten Seiten zu erweichen
Meine Arme, dich zu halten und zu tragen
Und deine Augen, die Antworten sind auf alle Fragen.
Und ich, ich schenk dir mich.
So unvollkommen lieb ich dich.
Meine Arme als Schutz und deine Flügel, wenn du fällst
Und meine Augen für den Fall, du suchst jemanden, der dich festhält
Mein Mund, der reden und schweigen kann

Was auch immer wann
richtig ist.
Und all mein Wesen für das, was du bist.
Meine Füße, wenn deine verzagen
Und wenn du nicht kannst, dann werde ich dich tragen.
Wenn Du müde wirst und taub
dann brüll ich meine Zärtlichkeit in die Stille- mit Verlaub!
Und deine Tränen mach ich zu Lachfalten
Und wenn du Ruhe brauchst, will ich mich daran halten.

Denn: in all diesem Kunstwerk sind dein Werk
und mein Werk verwoben in eins.
Uns unsere Wollknäuelfreundschaft meint:
Ich werfe mich zu dir und du dich zu mir
Und in diesem Wirr
verwirren, verbinden und verknüpfen wir uns miteinander,
so dass wir untrennbar sind
Weil ich ohne dich nicht bin!

Ich kann mich so glücklich schätzen mit dir
Und bin es so tief in mir…
dass ich vor Freude übersprudel und mich nur wiederhole
wenn ich sage, wie sehr ich dich liebe!
Und dass ich mir wünsche, dass du für immer bliebest.
Der Schatz, den ich fand
war unbekannt
Doch heute heißt er: ich und zugleich mein Herz.

Und deshalb sag ich es in einem Satz:
Du bist mein allergrößter, allerschönster Schatz.

Mit Haut und Haar

Ganz weit und ganz nah
Total da
nicht bloß hier
wünsche ich mir…
nichts von dir…
sondern dich, ganz und voll!
Was soll
ich mit einem Teil „Dich“?
Nichts!
Nur ganz oder gar nicht:
Deine Haare, zu riechen
Mich in deine Augen zu verkriechen
Deine Hände, mich zu berühren
Und sogar deinen Atem will ich spüren
Deine Beine, zu mir zu rennen
Und den ganzen Rest, mir zu bekennen
dass es stimmt, was du schwörst:
dass du mit Haut und Haaren mir gehörst!

Unklar

Bilder vergangener Tage…
und mit ihnen die Frage:
warum es nicht mehr ist, wie´s einmal war!?
Ich bin noch hier, nur du bist nicht mehr da!

Weit weg, in einem fernen Land
und auch dein Leben ist mir unbekannt.
Und manchmal tröstet der Gedanke mich
Denn er bedeutet: ich vermiss nicht dich
sondern jemanden, der du einmal gewesen bist.
Kein Du, das in der Ferne ist…
sondern einen Platz, den du in meinem Leben besitzt
Er geht nicht weg…er ruft: „Du wirst vermisst".

Und während es so weh tut, loszulassen
versuche ich, es zu lassen…
Halte, verliere
zitter und friere
Weiß nicht und weiß doch
fühle nie mehr oder immer noch…

Und frage mich, ob sich auch dir die Frage stellt
dich manchmal solche Sehnsucht quält
dass du mit Fotos tanzt und tapezierst
und mich in deine Träume integrierst!?
Ob meine Worte dich erreichen und bewegen
und deine Sternschnuppen sich zu den meinen legen
weil auch du dir wünschtest, ich wäre real
und auch für dich wär das genug ideal!?

Und nun sitze ich hier und schreibe für dich
Und schreibe: „Es geht mir gut-an sich.
Ja, es geht mir gut, ich komme zurecht!"
-Und alles andere… erwähn ich einfach nicht:
Meine Füße, die zu dir rennen wollen
meine Arme, die dich halten sollen
Mein Herz-immer bei dir!
In allem ein: du fehlst mir,
das manchmal schreit und brüllt
dann wieder all den Lärm der Welt bestillt
und damit lauter ist als alles.
So viele Briefe nicht abgeschickt, die hier liegen
ungezählte Blicke, die zu dir fliegen…
dass ich mich selbst verloren hab…
Weil ich dir alles von mir gab
manchmal nicht weiß, wer ich noch bin…
so viele Tage ohne Sinn!

Doch dir sag ich nur, mir geht's wunderbar
ich komm alleine klar!
Vergesse, wenn ich mit dir spreche
dass ich dich überall und nirgends seh
und bei dir sein will, nicht versteh
dass nur dein Bild (oder nicht meins von dir?) mir bleibt
während sich deine Geschichte woanders weiterschreibt.

Und während ich noch in den Bildern zuhause bin
verstehe ich ganz langsam, unwillkürlich Sinn…

Und ich begreife:
Diese Reise
ist keine, die uns trennt, sondern zueinander führen kann

-bedenkt man
dass Nähe keine Sache von Entfernung ist
und dass man liebt, wenn man vermisst!
Und dann ist es am Ende nur eine Frage noch, die offen ist
ob ich für dich, was du für mich gewesen bist…!?

Und dann?

Und wenn ich alle Erinnerungen vergesse
Und was vergessen, nicht vermisse…
Wenn die Sonne aufhören würde, zu scheinen
der Regen für mich meine Tränen weinen!?
Wenn ich meine Sprache verlerne, neu anfange
-Sprache lernen dauert lange…-
Und deshalb meine Gedichte keinen Sinn mehr für mich ergeben!?
Und wenn ich von vorne anfange, ein neues, anderes Leben…!?

Wenn jeder jedermann nicht mehr erkennt
Und jeder bleibt dem andern fremd…!?
Wenn ich Liebe in ein Lexikon verbanne
-und das ganz hinten ins Regal…

Und wenn ich dich nie mehr sehe
eigne Wege gehe!?
Wenn ich den Uhren alle Zeiger raube
und damit eine neue Zeit herbei zauber…!?

Wenn ich die Sterne vom Himmel abschieße
alle gesammelten Gefühle freiließe…
wegwerfe, auf Nimmerwiedersehn
Und noch dazu mein Missverstehn…!?

Und wenn ich am Meer stehe
nur eine Ansammlung von H2O noch sehe
Keine Schönheit!

Für Romantik, Poesie keine Zeit!?

Wenn ich alle Kalender verbrenne
damit ich nicht mehr gegen die Zeit renne…!?
Und wenn ich den Menschen ihre Träume wegreiße
Musik ausschalte, seid gefälligst leise…!?
Wenn niemand mehr dieselbe Sprache spricht
Und jeder bricht, was er verspricht…!?

Wenn alle Tränen versiegen
Denn wenn, dann kann es nicht mehr an mir liegen
dass diese Welt so ist
Und dass du nicht mehr bei mir bist!
Und wenn ich Vermissen vergesse
Hergebe, was ich besessen…

UND DANN?
Die Welt wäre dann lieb-loser doch!

UND DANN?
- Liebe ich dich nur immer noch…

(und dann kamst) Du!

Welten bereisend, rastlos Getriebene
Überall und nirgends Verbliebene
war ich stets auf der Suche und wusste es nicht.
Immer ganz da- und doch auch nicht!
Denn solange Vollkommenheit fehlt
bleibt eine Suche ein quälendes "es geht":
geht weiter und weiter, noch immer nicht am Ziel.
Von allem viel zu wenig oder am Ende zu viel!
Nie angekommen
ganz angenommen.
Und weiter buhlend um Liebe, Applaus
manchmal total in- und dann wieder raus.
Stets auf der Reise
Mal laut und lebendig, mal still und ganz leise
Sich unerkannt meinend
immer glücklich scheinend
Und in Wahrheit doch oft auch allein.
Dachte, es müsste so sein!
Und dann kamst du,
Einhornbezwinger, Lieblingsmensch, Herzdame, du
küsstest mich auf aus meinem Dornröschenschlaf wach
-wurdest Hans im Glück und mein Schneewittchen- ach!
Und führtest mich sanft und sachte, behutsam und langsam
zu mir.
Ich sah mich...und fand in dir
mich
Mich selber, einem Spiegel gleich
Entschuldige den Vergleich-
Denn eigentlich bist du jemand, der mich schöner, besser,
größer und echter macht

Jemand, der dann lacht
wenn ich mal wieder scheitern will
Jemand, der weint, wenn ich so lächerlich leichtfertig bin.
Jemand, der da ist, wenn alles um mich dunkel wird.
Jemand, der Klarheit bringt, wenn mich alles andere verwirrt
Jemand, der erdet und hochhebt zugleich
Jemand, der ohne Geld reich
macht, jederzeit, immerzu!
Wie du das machst? Du bist du!
Und du bist mein besseres Ich, mein anderes Ich!
Dich
kann man nicht beschreiben oder umfassend umfassen
Dich will man nur Du sein lassen.
Und dein Du lässt mein Du ICH werden.
Du bringst mir den Himmel auf die Erde
Und noch viel mehr noch, ganz nah...in mein Herz!
Du ignorierst ihn nicht, du heilst meinen Schmerz!
Streust Konfetti über meine Wunden und Narben
Und wo ich nicht gehen kann, da lass ich mich von dir tragen.
Du hörst immerzu zu und manchmal, da sagst du was
-und das
bringt mich weiter, höher, tiefer und näher...zu mir.
Ich danke dir!
Für all das, was du mir gibst- und noch mehr für das, was du nimmst
Weil ich es nicht brauche, solang ich dich habe
Glaub es mir, wenn ich´s doch sage!
Du bist die bessere Version meiner selbst.
Und wenn ich auch falle, du hältst:
mich und alles, was du versprichst

Und ich weiß, dass du niemals auch nur ein Wort brichst.
Und selbst wenn, dann hielte das Spiegelbild das aus, sind
Risse und Löcher und Narben unser eigentlicher Schmuck,
das eigentliche Bild
Ungeschönte Wahrheit, weil man das erste Mal erkennt:
Der Spiegel vor dir, der sich Spiegel nennt
beschönt nicht, verschweigt nicht, ist wahr und wundervoll
-und das alles gleichzeitig!
Und anderweitig
zeigt er eine Version, die du selber nie sehen könntest,
selbst wenn du wolltest.
Zeigt nicht, was du sein solltest.
Zeigt, wenn du hinschaust, dein Herz und das erste Mal all
das, was noch in dir liegt.
Ein Spiegel, den nur der sieht, der liebt!
Dein Spiegel zeigt mir, wer ich noch bin, wenn ich nichts
mehr bin.
Dein Spiegel kriegt´s immer wieder hin.
Baut mich auf, hebt mich auf, schenkt mir Hoffnung und
Liebe und Mut.
Und zeigt mir: es wird am Ende alles gut!
Dein Spiegel, mehr muss ich nicht wissen, nichts sehen,
nichts entdecken mehr.
Denn die schönste Welt, die habe ich gefunden.
Endlich! Auf ewig verbunden!
Welten bereisend, rastlos Getriebene
Überall und nirgends Verbliebene
war ich stets auf der Suche und wusste es nicht.

Doch dann...fand ich dich!

- Mittendrin –

Gestorben wird woanders…
Wann anders
Nicht bei dir
Nicht mittendrin im Hier!

Und jetzt- Leben ist jetzt!
Und wir sind jung, alles steht uns offen.
So viel noch zu lachen, so viel Grund zu hoffen.
So viele Pläne und Träume, die umgesetzt werden wollen
So viele Aufgaben und Dinge zu sollen.
So viel geplante Zukunft und nur zu wenig Zeit.
Und keine Zeit für eine Ewigkeit.

Denn alles liegt vor uns- und alles ist gut!
Kein Grund zur Sorge, nur Mut!
Wird schon und Kopf hoch und weitermachen!
Es gibt doch immer einen Grund zu lachen!
Denn gestorben wird woanders
Wann anders…

-Und wenn nicht?
Und wenn der Tod mittendrin steckt und überall wartet?
Egal, ob gefürchtet, vergessen, erwartet!?
Wohin gehst du dann? Denn dann
Gibt's kein Woanders und kein anders und irgendwann!
Keine Zeit mehr, auch keine Ewigkeit- und nur viel zu wenig Zeit!
Kein Weitermachen, weiterlachen, nur am Ende sein…

Und du stehst da und weißt nicht mehr, wohin

Und suchst den Sinn
Und suchst und findest doch nicht!
Denn gestorben wird plötzlich bei dir, vor dir, in dir
Mittendrin…im Hier!

<u>Nie mehr</u>

Vor Freude wahnsinnig, tanzen, hüpfen, durchdrehn
Voll da sein, mittendrin stehn.
Purzelbäume schlagen
Träume zu leben wagen
Alles und nichts dazu zu sagen
Keine Fragen!
Nur du, das ist mehr als genug!

…bis ich wieder alleine bin, nur Tränen streicheln mich
Ersetzen dich
Deine fehlende Nähe, dein Dasein
Und „nach dir" ist allein
Noch alleiner, kälter, nichts
Außer: ich vermisse dich
Vermiss dich von Sekunde zu Sekunde
Dreh mich im Kreis und warte auf die nächste Stunde
Und weiß nichtmals, warum
Denn davon geht die Zeit nicht schneller um
Und in meinem Wartezimmer
Denk ich an dich- immer
Nur macht es das nicht besser, sondern schlimmer
Denn eine Stunde mit dir kann nicht die Tage aufwiegen,
die dazwischenliegen
zu viele sind, zu viel Zeit für Tränen und nur mich
und deshalb muss ich
so weh es tut, dir sagen: Auf Wiedersehn!
Nein eben nicht, denn ich will dich nie wiedersehn!

Nie mehr II

Nie mehr an dich denken
Dir nichtmals einen Sandkorn meiner Sanduhrzeit nur schenken
Nie mehr mit dir Wolkenschlösser bauen
Nie dir voll und ganz vertrauen
Nie mehr deine Worte küssen
Nie mehr jubilieren müssen
wenn ich nur deiner gedenk
Nie mehr mein Herz an dich gehängt.
Auch nie mehr deine Hand halten
meinen Kopf nicht einschalten
alles riskieren
Um dich zu spüren…
Nie mehr an die schönen Momente denken-sie binden
Mich endlich wieder selber finden

Nie mehr
Für immer, über alles sagen!
Nie mehr…versagen…
Aufhören, zu verzagen…

Sie werden sagen

Sie werden sagen, das geht nicht…und merken nicht, dass ich nicht von „Gehen“ sprach.
Sie werden wissen, dass es nicht lohnt…aber wieso sollte man sich auch investieren und an etwas glauben, wenn man das schon vorher zu wissen meint?
Sie werden sagen, es sei zu heikel…aber wer nicht wagt, der nie gewinnt!
Sie werden sagen, das ist naiv…aber „wenn ihr nicht werdet wie die Kinder…“…
Sie werden sagen: „Das haben wir immer und nie so gemacht!“. -Dann ist es höchste Zeit!
Sie werden sagen: zu gefährlich... Nur wer sich in Gefahr begibt, weiß, was Leben Wert ist!
Sie werden sagen: alles soll bleiben wie es ist…doch wer wünscht, dass die Welt bleibt, wie sie ist, wünscht nicht, dass sie bleibt!
Sie werden sagen: das gibt es nicht…ich sage: das gab es nicht.
Sie werden sagen, ich sei lebensmüde…ich behaupte, ich bin bloß jemand, der wach wird…
Sie werden sagen, ich sei verrückt… ich werde wissen: das stimmt, denn:
Sie werden fragen: Warum?
Und ich werde fragen: Warum nicht?

Umtausch

Aufgegeben, dir alles zu geben
nur für dich zu leben
Hol ich mir all meine Liebe zurück
Das Gefühl von gemeinsamem Glück
Und bitte gib mir auch mein Herz dazu!
Deine Gewissheit, für mich wärst alles du!
Denn all das schenkte ich dir
Und verlor mich selber für dich, in dir!
-Und all das tausche ich nun um:
Hol jedes gesagte Worte zurück, schalte auf stumm
Dreh die Zeit zurück- und dann bin ich bereit
für die Wiederholung meiner Vergangenheit.
Um es anders zu machen, mich dir nicht preiszugeben.
Lieber so zu leben
als gäb´s dich nicht…
Für mich kein Verzicht!
-Solange ich dir noch nichts von mir geschenkt, geliehen, anvertraut
Dir noch nicht ein Mal- und damit schon zu oft in die Augen geschaut!
Und wenn ich alles wieder hab
was ich dir gab
Dann erst bin ich wieder ich…
Und vergesse…Dich!

Meine Eine

Du bist meine Eine…
die Eine oder keine.
Denn keine andre ist wie Du:
So wunderbar, so wertvoll, so mein Ich zum Du.
Denn: Du lächelst dich in meine Welt hinein,
Dein Lächeln wird mein Anschrein
gegen alles Böse und Schlechte in der Welt.
Die bösen Tage sind gezählt!
Denn: solange es sowas wie dich noch gibt,
kann ich noch daran glauben, dass die Liebe siegt.

Güte, Reinheit und soviel Herz
und das Vergessen von allem Schmerz
-All das und noch viel mehr schenkst du mir.
Ich kann´s kaum glauben, ich danke dir,
dass du mir soviel schenkst.
Und wenn du an mich denkst,
dann geht's mir besser und bin ich ein Stück mehr ich.
Einfach nur durch Dich.

Du pflanzt bunte Blumen in meinem Unkraut, als wär´s eine Selbstverständlichkeit
Und Deine Sonnenuhr bestimmt die Zeit.
Ich zähle die heitren Stunden nur
und Moll wird von alleine Dur.
Du leuchtest und deine Worte bauen mich auf.
Ich höre dein Handbuch und stehe auf- und trinke drauf…
Denn wenn einer mir zeigt, wie ich sein könnte, dann Du.

Und wenn einer Wert ist, dass ich so werde, dann wiederhole ich mich nur…

Du Mutmacherin wirst meine Güte in dieser Zeit
Ich bin zu allen (Un)schandtaten bereit
-zuerst für dich.
Denn ich
sammel deine Tränen und füll damit ein Goldfischglas
Dann werden sie lebensrettend und bedeutungsvoll
Und deine Lebenspartitur transponiere ich von Moll
in Dur.
Denn: nur
Du hast es verdient!
Und wenn es keinen gibt, der dir das bisher gesagt hat, dann
hast du mich jetzt ja.
Und dafür bin ich da!

Ansichtskarten schick ich dir aus meiner Vergangenheit in deine Zukunft und aus der Zukunft in die Vergangenheit.
Dann gewinnt die Dimension Zeit eine neue Wirklichkeit,
weil Raum und Zeit in ihrer Macht gebrochen werden
Denn du holst mir den Himmel auf die Erde!

Deine Fehler laminier ich mir ein und klebe sie in mein Poesiealbum,
damit ich nie vergesse, wer du bist…
Und wie vollkommen unvollkommen wir voreinander sein dürfen, wie vollkommen unvollkommen unsere Freundschaft ist.

Lass uns Schwächen tauschen wie Glanzbilder- dann haben wir am Ende beide mehr
Und wird alles Schwere leicht und Leichtes schwer.
Schwerer, weil bedeutungsvoller-
und meine Welt ein Stück wahrer, bunter, toller!
Ich dreh dich schwindelig und fang dich auf
und dann…trinken wir darauf,
dass es sowas wie Freundschaft gibt und dass man größer wird, wenn man liebt
-und dennoch klein sein darf und kann.
In unserem Wenn-dann.

Tausch

Sterne in deinen Augen, Träume. Phantasie
Flucht, Wut und Steine-alles andere als Monotonie.
Hell, so hell!
Viel zu hell für meine düsteren Gedanken…schnell, zu schnell…
für meine Langsamkeit.
Ich halte nicht mit,
es sei denn, du verlangsamst deinen Schritt
ich kann dir nichts Neues geben…
und schenke dir doch mein leeres volles Leben.

Ich biete dir zudem die Ewigkeit
und schenk dir alle meine Zeit…
wenn du mir nur dein Leuchten schenkst
weiter für mich in Superlativen denkst.
Mein Tausch:
Furchtbar hart gegen furchtbar weich
in Gegensätzlichkeiten gleich
mein halbleeres Glas gegen dein halbvolles tauschen
deinen ungesagten Träumen lauschen
um sie herauszuschrein
mich von dem zu befrein,
was ich bin ohne dich.
Ganz ich!

Punkt, Satz, Sieg

Du kamst ganz unvermittelt in mein Leben geschlichen
Und zuallererst hätt ich Dich gerne von der Liste gestrichen
doch du bist mir nicht mehr von der Seite gewichen.
Sicherlich war ich nicht immer ehrlich
Der Weg mit dir war stellenweise mühsam und beschwerlich.
Ich machte Abstriche und manchmal auch einen Punkt.
Doch jeder Punkt, den ich auch setzte, wurde zu einem Doppelpunkt.
Heute begreife ich nicht, wie ich so ignorante Zeichen setzte
Und dich so häufig einfach nur versetzte
-und damit sehr verletzte.

Ich brauchte jemanden, der mich korrigiert
Und der meine Zeichensetzung richtig lektoriert.
Denn im Laufe der Zeit punktetest du bei mir und setztest die richtigen Zeichen:
Mit Nachsicht meine sture Haltung zu erweichen.
Und am Ende war ich der Fehler – und nicht Du.
Punkt, Satz, Sieg, der Gewinner, der bist Du!

Denn du bist mein wunder Punkt.
Du bist mein Wunder. Punkt!

Trotzdem

Ich werde nicht aufhören.
Ich werde nicht aufhören, zu staunen
Entgegen dein Raunen
wie schlecht alles ist, wie schlecht ich bin.
Vergesse deine ewige Suche, die Sucht ist, nach dem Sinn.
Weil manchmal der Moment alles ist.
Und dein Verneinen deine eigene Sucht ist.

Werde nicht aufhören, jeden Tag neu zu begehen, als wäre er einzig und allein.
Werde nicht aufhören-trotz deines Seins.

Werde nicht aufhören, Blumen zu verschenken, Schönheit zu sehen
Du magst bleiben oder gehen.
Nicht aufhören, trotzig Dennochs in den Wind zu schreien
Nicht aufhören, anders zu bleiben.
Ich höre auch nicht auf, auf bessere Zeiten zu hoffen, zu harren und warten
Warte viel mehr auf Worte statt auf Taten.
Aber solange du bist oder nicht bist
Ist
Mein Warten das einer Sehnsüchtigen, Hoffenden, Wartenden.
Und es ist egal, ob gilt: du kriegst hin.
Weil manchmal Leben ein trotziges Dennoch ist.
Ganz egal, was du bist.
Denn darauf kann ich nicht warten…wer weiß schon, wie lang
Und ob ich berechtigt hoffe oder nur bang.
Wer weiß das schon oder gewiss.
Ich nicht.

Ich werde nicht aufhören, neu anzufangen.
Jeden Tag neu.
Werde aufhören, ein Stück alt zu sein.
Neu sein- an jedem neuen Tag.
Trotz allem und dennoch.
Und irgendwann bleibt vielleicht nur mein Dennoch.
Aber noch…
Gebe ich nicht auf. Und behalte wenigstens das.
Denn alles andere ist: Was?
Und wenn und ob und ob überhaupt und eventuell.
Das verliert sich schnell.
Und wenn mein Leben nur dennochs bleibt, es bleibt.
Eine Geschichte, die Trotzdems schreibt.

Das zerbrochene Herz

Mach dich auf die Suche! Irgendwo musst du es verloren haben. Lauf durch die Straßen, kram in deinen Taschen, erinner dich, wo du es zuletzt noch hattest.
- Du wirst es nicht finden.

Du läufst durch deine Stadt. Ganz ruhig liegt sie da. Die Stadt schläft noch-und das kommt dir entgegen. Denn nichts soll dich von deiner Suche abhalten. Du hoffst, indem du die alten Strecken und Wege abgehst, dass du es irgendwo finden wirst. Vielleicht liegt es am Boden, vielleicht noch in irgendeinem Cafe. Erinner dich! Hier warst du zuletzt.
-Du wirst es nicht finden.

Die Straßenbeleuchtung und das Dämmerlicht machen deine Suche nicht unbedingt leichter. Verzweifelt suchen deine Augen alles ab. Da fällt es dir ein. Die Parkbank…liegt es vielleicht dort? Hier wart ihr zuletzt. Doch nun bekleidet den Platz nur ein alter Obdachloser, der noch schläft.
-Du wirst es nicht finden.

Langsam wird es hell, die Straßenlaternen verlöschen. Weiter, weiter, du hast nicht unbegrenzt Zeit. Im Cafe saßt ihr am Tisch links in der Ecke. Die Verkäuferin ist schon da und legt frische Ware ins Regal. Zaghaft winkst du ihr, ihr deutlich zu machen, dass sie dir öffnen möge. Sie scheint freundlich und lässt dich herein. Doch auch hier keine Spur.

-Wirst du es finden?

Als Nächstes gehst du zu ihrer Tür. Sicherlich schläft sie noch, denn heute ist ihr freier Tag. Vermutlich liegt sie mit zersaustem Haar im Bett, müde sieht sie aus und schutzbedürftig. Wie oft hast du sie einfach nur angesehen, während sie schlief. Ihr friedlicher Blick hat dich oft mit ihr versöhnt, als wäre er eine Entschuldigung, wenn ihr gestritten hattet. Zu schellen, wagst du nicht. Liegt es vielleicht da drin? Am Fuße ihres Bettendes?
Inmitten der dreckigen Wäsche? Du kannst nicht klingeln, du willst sie nicht wecken. Sie wäre erzürnt und du würdest böse werden, ohne es zu wollen.
-Du wirst es nicht finden.

Oder hast du es doch zuhause liegen lassen? Du wolltest es mitnehmen, als du sie gestern getroffen hast. Aber hast du es auch getan? War es dabei, als du sie in den Arm nahst, sie geküsst und am Ende verlassen hast? Oder war nicht sie diejenige, die dich verließ? War es da noch in deiner Tasche? Lauf weiter. Gib nicht auf. Es kann doch nicht weg sein! Du rennst nach Hause, Autos sind bereits unterwegs und deine Chancen werden geringer, dass du es finden wirst. Betrete das Haus, dreh den Schlüssel im Schloss, öffne die krächzende Tür, renn zu dem Sideboard im Esszimmer. Und wenn du es dort nicht hingelegt hast, lauf zu deinem Schreibtisch. Sieh dir ihr Foto an. Vielleicht hilft es dir, dich zu erinnern.
Im Schlafzimmer. Im Schlafzimmer. Voller Hoffnung rennst du weiter. Na endlich. Da liegt es doch.
-Du hast es gefunden! Da liegt es…
Zerbrochen. Du bist zu spät.

Vielleicht

PROLOG: Das Leben steckt voller Chancen. Aber: Wie viele Chancen im Leben bekommt man? Nur eine? Oder nicht mit jedem Fehler auch mindestens eine weitere? Und würde das bedeuten, dass: je mehr Fehler man macht, desto mehr Chancen bereit stehen, es richtig zu machen? Vielleicht bekommt man aber auch gar keine Chance, sondern Leben passiert einfach, während man andere Pläne macht. Vielleicht ist es Schicksal, Zufall, Gott, der das Leben lenkt. Für manche wäre das sicherlich einfacher, für manche aber zugleich viel schwerer zu ertragen. Aber ist das nicht in Wirklichkeit viel zu einfach? Nicht jemand anderes ist schuld an meinem Leben, ich bin es selber, weil ich entscheide, wie ich mit den Dingen umgehe, die nicht in meiner Hand liegen...und vielleicht ist das die einzige Chance, die anderen, die es nicht gibt, wettzumachen...
Vielleicht...
Vielleicht war es mein Fehler, dass es so ist, wie es ist. Ich hätte meine Worte nicht sagen sollen, denn vielleicht habe ich dich damit verloren. Vielleicht hat dich aber auch meine Ehrlichkeit überfordert, weil sie dir zu nah war. Vielleicht hätte ich etwas zurückhaltender sein können-und vielleicht wärst du dann mir entgegengegangen. Vielleicht wäre dann aber auch schon viel vorher Distanz zwischen uns entstanden. Vielleicht hätte diese Distanz dir gezeigt, dass du mich brauchst, aber vielleicht hätte sie dir auch bewiesen, dass du auch ohne mich leben kannst.
Vielleicht wäre alles anders gewesen, wenn ich es vorher gewusst hätte und vielleicht hätte ich dann trotzdem alles wieder genauso gemacht.

Vielleicht war dieses Leben dazu da, sich zu finden…und liegt es an uns, ob wir einander verlieren. Vielleicht wäre ich dir nie begegnet, wenn ich dich nicht hätte verlieren sollen. Vielleicht war dieses Leben zu kurz, für immer zu sein. Und vielleicht haben wir unsere Chance verspielt. Vielleicht hätte ich deine Geschichten nie hören sollen, weil ich sie dann nicht vergessen müsste. Vielleicht hättest du meine Eigenarten nicht kennenlernen sollen, weil sie dir das Gefühl geben, dass das ich bin. Vielleicht hätte ich weniger und langsamer sein sollen- oder du schneller und mehr. Vielleicht aber wärst du auch nicht so gewesen, wenn ich nicht so gewesen wäre. Vielleicht würde ich noch immer an derselben Stelle stehen und wäre nicht ständig aufgefordert gewesen, meinen Standpunkt neu zu bestimmen. Vielleicht wären die Wege nicht dieselben gewesen- die Wege nach vorne und die Wege zurück. Es muss doch Sinn machen, dass wir einander begegnet sind. Was für ein Zufall!
Ob wir uns in einem anderen Leben auch begegnet wären?
Vielleicht hätte ich am Supermarkt hinter dir gestanden und dir die Dose aufgehoben, die dir herunter gefallen wäre. Vielleicht wärst du auch ein Gast auf derselben Party gewesen. Wir hätten uns kurz einander bekanntgemacht, ein paar Worte gewechselt und uns in Zukunft gegrüßt. Vielleicht aber wäre auch nichts von alledem geschehen, weil du gerade in der Küche gestanden hättest, als der Gastgeber seine sich fremden Gäste einander vorgestellt hätte. Möglicherweise hätten wir zeitgleich im selben Cafe gesessen und es nie erfahren, weil wir uns Fremde gewesen wären. Und ganz vielleicht wären wir einander auch nie begegnet. Wer weiß das schon!?

Ich hätte ganz sicher nichtmals darüber nachgedacht, ob ich dich in einem anderen Leben getroffen hätte, weil es dich in diesem meinen nicht gegeben hätte. Jetzt aber, wo es dich nun mal gibt, frage ich mich, ob ein anderes Leben nicht vielleicht besser gewesen wäre.
Aber vielleicht auch nicht. Wer weiß das schon!?

Temporarily not available

Du hast mich lange nicht mehr angerufen.
Ich habe dich lange nicht mehr angerufen.
Da waren so viele Termine, to do Listen. Wenn du anriefst, war ich gerade zu beschäftigt, unterwegs, wenn ich anrief, warst du es.

Du hast mich lange nicht mehr angerufen.
Dein Leben erzählt. Berichtet, wie es dir geht. Gedankt für unsere Freundschaft. Das Leben…

Ich habe dich lange nicht mehr angerufen…mein Leben erzählt, nach deinem gefragt. So viele Termine..
Morgen!! Oder den Tag danach. Oder auch nicht?

Ich habe dich lange nicht mehr angerufen.
Meine Ratschläge waren Eis auf Granit. Meine Worte die, die du hören wolltest. Was hätte ich sagen sollen? Ich konnte dir nichts schenken, aber meinen Gott.
Du hast mich angerufen. Und da war…Gott.
Gott, der dich gefunden hat-oder du ihn?
Wer weiß das schon? Ich weiß nur, dass Wunder nicht immer das sind, was wir uns wünschen. Nicht für ein ganzes Leben reichen. Aber das Wesentliche sind.

Du hast mich lange nicht mehr angerufen…
Wie hättest du können? Aber wer sagt es mir jetzt? Da ist doch sonst kein gemeinsamer Freund, niemand sonst, der mir davon erzählen kann. Weil du niemanden hattest, wie du sagtest…nur noch eins:

Der Tod…
macht jede Nummer not available. Keine Worte mehr von dir, kein Danke, kein gemeinsames Lachen, kein Vermerk in meiner Telefonliste-einer weniger auf meiner to do Liste.
Aber weißt du, wie sehr er mir fehlt? Wie sehr du fehlst?
Du-mit deinen Schwächen und Kanten. Du mit deinem Versagen und Scheitern. Du mit leuchtenden Augen auf Neuanfang. Ich mit dem, was du mir bedeutest. Du, der Gott gefunden hat…und der in aller Schwäche Stärke gefunden hat.
Der glauben konnte. Mehr nicht. Aber ist das nicht am Ende genug?

Ich werde dich sehr lange nicht mehr anrufen. Genau genommen: nie mehr.
Deine Nummer wird aus meiner Anrufliste verschwinden.
Dein Bild nicht. Deine Worte nicht.
Und es ist nicht der Tod, der mir ins Gesicht spuckt….heute sitze ich hier und weiß: dereinst werde ich dir einiges zu sagen haben. Ich werde kein Telefon brauchen. Ich werde ihm etwas erzählen wollen, dem Tod, von Erlösung.
Vielleicht nichtmals Worte. Denn wenn ich dich sehen werde, werde ich wissen: Der Tod ist Erlösung. Und Erlösung kann auch bedeuten: erlöst von sich selber.

The person you´ve called is temporarily not available.

Epilog: Du lebst

Du bist gestorben.
Der Leichtwagen steht vor deiner Haustür, du siehst ihm zu, wie sie dich heraustragen und denkst: „Warum ich? Ich bin lebendiger als je zuvor!“
Menschen stehen an deinem Grab und du siehst endlich, wem du etwas bedeutet hast und wen du hinterlässt.
Und du siehst die, die immer so taten, aber die da stehen und ihre Handys betätigen, rauchen und leben, als ginge es weiter. Das geht es. Das weißt du!
Warum hast du nicht eher hingesehen, wenn sie nicht hingesehen haben?
Nun aber bist du tot! Du siehst nichts mehr, du fühlst nichts mehr, du bist nicht mehr. Ist es nicht so?
Aber du willst hingehen, weil du erstaunt bist über die Erkenntnis…du siehst Menschen Blumen in dein Grab werfen, für die du nie da warst-und die nur für dich.
Ihre Tränen machen die Szenerie dramatischer, aber unwahrer. Und du würdest sie am liebsten anschreien und sagen: „Ihr lügt!“
Aber du kannst nicht.
Leblos, still, tot. Sagen sie.
Nicht mehr da. Die Ruhe der Toten…Tote rücken nicht zurecht- sie wehren sich nicht, denkst du. Aber du willst-
Du willst schreien und zurechtrücken!
Die Erkenntnis tut weh und gut. Jetzt ist es egal, denkst du.
Du bist nicht mehr. Spielst keine Rolle mehr!
In einer Woche werden die ersten Blumen verwelkt sein.
Wer wird sich um dein Grab kümmern?

Am Ende der Friedhofsgärtner…das weißt du. Aber in dem Moment kannst du nichts sagen. Es ist dir egal. Es ist nur ein Grab. Es ist nur dein Grab!
Leid tun dir nur deine Freunde, die dastehen, als hätten sie dich wirklich geliebt.
„Entschuldigung!", murmelst du leise…aber du weißt, dass dich niemand hören wird.
Du willst sie trösten und weißt, dass du nicht kannst.

Und dann…denkst du, du müsstest doch tot sein! Warum fühlt es sich dann so lebendig an?
Jemand nimmt dich an die Hand. Führt dich weg von diesem Ort.
Wohin, wohin?
„Dahin, wo niemand dich kennt…und doch jeder!".
Du lernst laufen. Riechst das erste Mal in deinem Leben Blumen.
Warum hat dir nie jemand gesagt, wie gut das riecht?
Wo sind alle anderen? Warum vermisst du sie nicht? Wo bist du?
Du weißt es nicht…du lernst Laufen, Haare kämmen, isst das erste Mal Obst, entdeckst die Welt neu und fragst dich, was hier eigentlich passiert. Bis dir jemand sagt:
„Willkommen. Du bist gestorben. Du lebst!".